proteção e defesa civil

CB066339

O selo DIALÓGICA da Editora InterSaberes faz referência às publicações que privilegiam uma linguagem na qual o autor dialoga com o leitor por meio de recursos textuais e visuais, o que torna o conteúdo muito mais dinâmico. São livros que criam um ambiente de interação com o leitor – seu universo cultural, social e de elaboração de conhecimentos –, possibilitando um real processo de interlocução para que a comunicação se efetive.

proteção e defesa civil

Antonio Geraldo Hiller Lino

EDITORA
intersaberes

Rua Clara Vendramin, 58
Mossunguê . CEP 81200-170
Curitiba . PR . Brasil
Fone: (41) 2106-4170
www.intersaberes.com
editora@editoraintersaberes.com.br

- Conselho editorial
  Dr. Ivo José Both (presidente)
  Dr.ª Elena Godoy
  Dr. Nelson Luís Dias
  Dr. Neri dos Santos
  Dr. Ulf Gregor Baranow
- Editora-chefe
  Lindsay Azambuja
- Supervisora editorial
  Ariadne Nunes Wenger
- Analista editorial
  Ariel Martins
- Preparação de originais
  Juliana Fortunato

- Edição de texto
  Fabia Mariela De Biasi
  Arte e Texto Edição e Revisão de Textos
- Projeto gráfico
  Raphael Bernadelli
- Capa
  Bruno Palma e Silva (*design*)
  hxdbzxy/Shutterstock (imagem)
- Diagramação
  Estúdio Nótua
- Equipe de *design*
  Mayra Yoshizawa
  Charles L. da Silva
- Iconografia
  Celia Regina Tartalia e Silva
  Regina Claudia Cruz Prestes

Dados Internacionais de Catalogação na Publicação (CIP)
(Câmara Brasileira do Livro, SP, Brasil)

Lino, Antonio Geraldo Hiller
Proteção e defesa civil/Antonio Geraldo Hiller Lino.
Curitiba: InterSaberes, 2018.

Bibliografia.
ISBN 978-85-5972-804-0

1. Defesa civil 2. Desastres naturais 3. Segurança pública – Administração I. Título.

18-17907   CDD-363.109

Índices para catálogo sistemático:
1. Segurança pública: Problemas sociais 363.109

Iolanda Rodrigues Biode – Bibliotecária – CRB-8/10014

1ª edição, 2018.

Foi feito o depósito legal.

Informamos que é de inteira responsabilidade do autor a emissão de conceitos.

Nenhuma parte desta publicação poderá ser reproduzida por qualquer meio ou forma sem a prévia autorização da Editora InterSaberes.

A violação dos direitos autorais é crime estabelecido na Lei n. 9.610/1998 e punido pelo art. 184 do Código Penal.

apresentação 9

como aproveitar ao máximo este livro 13

Capítulo 1   O que significa proteção e defesa civil - 17

1.1   Breve histórico - 20
1.2   Como está organizada - 25

Capítulo 2   Organizações de proteção e defesa civil - 43

2.1   O que são desastres - 44
2.2   Causas dos desastres - 53
2.3   Classificações de desastres - 62
2.4   Classificação e Codificação Brasileira de Desastres - 78

sumário

Capítulo 3 O registro do formulário de informações do desastre - 83

3.1 Danos - 87
3.2 Prejuízos - 92

Capítulo 4 Situações jurídicas especiais - 99

4.1 Situação de emergência - 101
4.2 Estado de calamidade pública - 104
4.3 Procedimentos para decretação de situação anormal provocada por desastre - 106
4.4 Possibilidades decorrentes das situações jurídicas especiais - 111

Capítulo 5 Ações globais de proteção e defesa civil - 131

5.1 Prevenção - 133
5.2 Mitigação - 134
5.3 Preparação - 137
5.4 Resposta - 140
5.5 Recuperação - 157

Capítulo 6 Risco de desastre - 163

6.1 Ação humana em desastres - 167
6.2 Risco de desastre: enfoque técnico - 174

Capítulo 7 Gestão de risco de desastres - 181

7.1 Redução de vulnerabilidades - 182
7.2 Redução de ameaças - 183
7.3 Mapeamento de risco de desastres - 185

Capítulo 8 Gerenciamento de desastres - 191

8.1 Sistema de Comando de Incidentes - 193
8.2 Sistema de Coordenação Multiagências - 255

para concluir... 261
lista de siglas 263
referências 267
respostas 275
sobre o autor 281

apresentação

Para os operadores de proteção e defesa civil e, também, para aqueles que pretendem compreender melhor os desastres, é importante ressaltar que o conhecimento a respeito desses eventos não pode se restringir às informações veiculadas pelos meios de comunicação. Antes, deve estar embasado nas investigações técnicas e nas experiências vividas por aqueles que há muito realizam a gestão de riscos e de desastres e se dedicam a seu estudo.

Nesta obra, pretendemos direcionar a compreensão da temática da proteção e defesa civil sob o enfoque da aplicação prática. Os fundamentos doutrinários que permeiam o assunto são explorados de acordo com a necessidade da abordagem, sempre tendo como norte a atuação do Sistema Nacional de Proteção e Defesa Civil (Sinpdec).

A *proteção e defesa civil*, mesmo que não com essa designação, sempre esteve presente na vida das pessoas e das comunidades. O homem procura naturalmente desenvolver mecanismos que garantam sua sobrevivência, como nos momentos em que se protege de acontecimentos que atentem contra sua vida ou sua integridade física. O instinto de sobrevivência impulsiona-o a se proteger contra deslizamentos, vendavais, enxurradas, terremotos, *tsunamis* e quaisquer eventos com potencial ofensivo à sua sobrevivência. Na esteira do comportamento humano direcionado à preservação da espécie, as raízes da proteção e defesa civil, em especial no Brasil, levam-nos a compreender que houve uma evolução quase sempre motivada por conflitos bélicos.

Diante desse contexto, abordamos os conhecimentos basilares que tratam da proteção e defesa civil e dos desastres no Brasil. Assim, a sistemática nacional de gestão dos riscos e dos desastres é ponto fundamental, tendo como ponto inicial a organização e o funcionamento do Sinpdec, notadamente dos órgãos que realizam a gestão das ações de proteção e defesa civil nos governos federal, estadual e municipal.

A redução dos desastres é o objetivo central do desenvolvimento de todo o trabalho da proteção e defesa civil. Os operadores de proteção e defesa civil devem dominar os detalhes a respeito dos desastres, a fim de que o trabalho para diminuir seu potencial ofensivo possa ser adequadamente realizado. Isso equivale a dizer que as potencialidades do "inimigo" precisam ser conhecidas, assim como as fragilidades dos cenários receptores dos eventos adversos causadores dos desastres, a fim de que os gestores de proteção e defesa civil priorizem suas ações e direcionem corretamente seus esforços.

A exposição sobre os desastres tem por objetivo conduzir você na compreensão dos resultados dos eventos deflagradores, acerca dos quais é possível desenvolver ações visando minimizá-los e até mesmo evitá-los. Contudo, quanto à ocorrência dos desastres, tratamos de questões relativas às atividades a serem implementadas no momento e após sua materialização.

Ao fim, destacamos aspectos relevantes para apoiar o gestor de proteção e defesa civil no gerenciamento dos desastres, procurando proporcionar condições básicas para realizar esse trabalho de forma menos traumática, fornecendo um ferramental, ainda que introdutório, para a resposta a esses eventos. O trabalho de enfrentamento de um desastre não é tarefa fácil, pois dele advêm situações que desestabilizam como um todo as comunidades atingidas, rompendo os mecanismos garantidores de sua estabilidade, não raro causando pânico e desespero.

O gestor local de proteção e defesa civil é desafiado a compreender a situação e a enfrentá-la, empregando seus conhecimentos e os recursos disponíveis de maneira otimizada. Para que isso seja possível, deve se preparar no momento de normalidade, ou seja, antes que o desastre aconteça. Ocorrendo o desastre, aos não preparados resta se integrar ao caos gerado pela situação na tentativa de organizar uma solução minimamente aceitável e que, muitas vezes, não é satisfatória.

Nesta obra, explicitamos ideias fundamentais, sem a pretensão de exaurir nenhum dos temas abordados. Procuramos organizar o conteúdo com vistas a guiar você por caminhos que direcionem à compreensão da proteção e defesa civil, ao menos de maneira preliminar. Dessa forma, esperamos que você se sinta motivado a realizar investigações mais aprofundadas, que permitam integrar a busca pela redução dos desastres.

Este livro traz alguns recursos que visam enriquecer o seu aprendizado, facilitar a compreensão dos conteúdos e tornar a leitura mais dinâmica. São ferramentas projetadas de acordo com a natureza dos temas que vamos examinar. Veja a seguir como esses recursos se encontram distribuídos no decorrer desta obra.

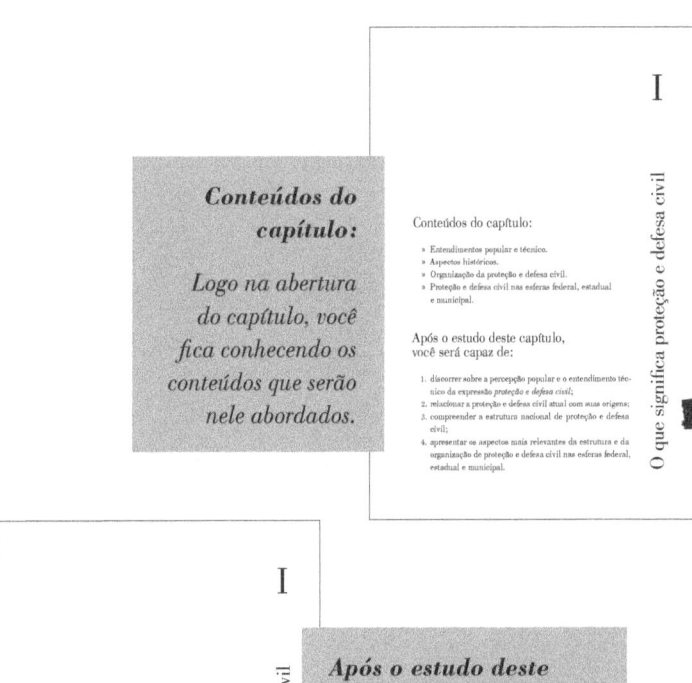

Conteúdos do capítulo:

Logo na abertura do capítulo, você fica conhecendo os conteúdos que serão nele abordados.

Após o estudo deste capítulo, você será capaz de:

Você também é informado a respeito das competências que irá desenvolver e dos conhecimentos que irá adquirir com o estudo do capítulo.

como aproveitar ao máximo este livro

Estudo de caso

Esta seção traz ao seu conhecimento situações que vão aproximar os conteúdos estudados de sua prática profissional.

Questões para reflexão

Nesta seção, a proposta é levá-lo a refletir criticamente sobre alguns assuntos e a trocar ideias e experiências com seus pares.

Síntese

Você dispõe, ao final do capítulo, de uma síntese que traz os principais conceitos nele abordados.

Questões para revisão

Com estas atividades, você tem a possibilidade de rever os principais conceitos analisados. Ao final do livro, o autor disponibiliza as respostas às questões, a fim de que você possa verificar como está sua aprendizagem.

---

verifique mais detalhes a respeito dessa importante estrutura de proteção e defesa civil responsável pelas ações locais.

CALHEIROS, L. B.; CASTRO, A. L. C. de; DANTAS, M. C. **Apostila sobre implantação e operacionalização de COMDEC**. 4. ed. Brasília: Ministério da Integração Nacional/ Secretaria Nacional de Defesa Civil, 2009. Disponível em: <http://www.defesacivil.pr.gov.br/arquivos/File/ManualCOMDEC2009.pdf>. Acesso em: 6 jun. 2018.

Questões para revisão

1) *Proteção* e *defesa civil* refere-se a um órgão ou a um sistema? Justifique.
2) Cite a composição da estrutura mínima de uma Compdec.
3) Para Castro (2007), *defesa civil* é entendida como um conjunto de ações destinadas a evitar ou minimizar os desastres, preservar o moral da população e restabelecer a normalidade social. Quais são essas ações?
   a. Preventivas, de salvamento, assistenciais e recuperativas.
   b. Preventivas, de socorro, assistenciais e reconstrutivas.
   c. Preventivas, de salvamento, assistenciais e reconstrutivas.
   d. Proativas, de socorro, assistenciais e recuperativas.
4) O Sistema Nacional de Proteção e Defesa Civil (Sinpdec), que tem como órgão central a Secretaria Nacional de Proteção e Defesa Civil (Sedec), vinculada ao Ministério da Integração Nacional, é constituído por:

---

designação de recursos, sendo tudo isso registrado em formulário específicos.

Caso o incidente requeira intervenções de recursos extraordinários ou de decisões que estejam fora da competência dos integrantes do Comando Unificado, configura-se a necessidade de implementação de uma estrutura de Coordenação Multiagências de apoio ao SCI.

Para saber mais

Para conhecer mais detalhes a respeito do desdobramento da estrutura do SCI e das atribuições das funções, acesse o *Manual de Sistema de Comando de Incidentes (SCI)* do Corpo de Bombeiros Militar do Distrito Federal, disponível no endereço eletrônico indicado a seguir.

DISTRITO FEDERAL. Corpo de Bombeiros Militar. **Manual de Sistema de Comando de Incidentes (SCI)**. Brasília: CBMDF, 2011. Disponível em: <http://bibliotecamilitar.com.br/wp-content/uploads/2016/02/manualsci_livro6.pdf>. Acesso em: 12 jun. 2018.

Para aprofundar a análise sobre o SCI, consulte o *Manual de Sistema de Comando de Incidentes (SCI)*, do Corpo de Bombeiros Militar do Distrito Federal, indicado no endereço eletrônico a seguir:

DISTRITO FEDERAL. Corpo de Bombeiros Militar. **Manual de Sistema de Comando de Incidentes (SCI)**. Brasília: CBMDF, 2011. Disponível em: <http://bibliotecamilitar.com.br/wp-content/uploads/2016/02/manualsci_livro6.pdf>. Acesso em: 12 jun. 2018.

Para saber mais

Você pode consultar as obras indicadas nesta seção para aprofundar sua aprendizagem.

I

O que significa proteção e defesa civil

Conteúdos do capítulo:

» Entendimentos popular e técnico.
» Aspectos históricos.
» Organização da proteção e defesa civil.
» Proteção e defesa civil nas esferas federal, estadual e municipal.

Após o estudo deste capítulo, você será capaz de:

1. discorrer sobre a percepção popular e o entendimento técnico da expressão *proteção e defesa civil*;
2. relacionar a proteção e defesa civil atual com suas origens;
3. compreender a estrutura nacional de proteção e defesa civil;
4. apresentar os aspectos mais relevantes da estrutura e da organização de proteção e defesa civil nas esferas federal, estadual e municipal.

A proteção e defesa civil constitui tema cada vez mais recorrente para a população mundial, uma vez que desastres, catástrofes e eventos da natureza com potencial de destruição são cada vez mais noticiados pela mídia. A designação atual *proteção e defesa civil* é resultado de uma transformação ao longo do tempo. No início, em 1942, era conhecida como *serviço de defesa passiva antiaérea*; a partir de 1943, passou a ser denominada *defesa civil*; e, desde 2012, é chamada de *proteção e defesa civil*.

Mesmo com essas transformações de nomenclatura, o objeto de trabalho sempre foi o mesmo: a população e sua defesa contra eventos com potencial para causar danos. Mas o que significa proteção e defesa civil atualmente? É provável que todos tenhamos pelo menos uma noção acerca do que é defesa civil. Todos os dias, nos noticiários, assistimos a relatos de desastres que atingiram algum lugar do Brasil ou do mundo, o que é suficiente para criar uma imagem sobre o significado da expressão, ou seja, um **entendimento popular** do que é *proteção e defesa civil*.

Muitas pessoas imaginam que a defesa civil é um órgão governamental dotado de instrumentos e de equipes prontas para agir caso aconteça alguma catástrofe, com o uso de embarcações, de helicópteros etc. Essa visão cinematográfica da defesa civil denota o trabalho realizado por equipes especializadas em casos de desastres que exigem esse tipo de intervenção, mas não exprime o real sentido das ações.

À parte do entendimento popular, há o **entendimento técnico** e, para aqueles que se dispõem a estudar o tema, faz-se necessária a abordagem desse conteúdo. Para Castro (2007, p. 54), a defesa civil é entendida como o "conjunto de ações preventivas, de socorro, assistenciais e reconstrutivas destinadas a evitar ou minimizar os desastres, preservar o moral da população e restabelecer a normalidade social". Podemos afirmar, então, que a defesa civil é um conjunto de ações desenvolvidas com determinadas finalidades e com o objetivo final de proteger a população contra os efeitos deletérios dos desastres. Cada uma das ações referidas no conceito citado será mais bem detalhada em capítulo específico, assim como os objetivos de tais medidas constantes do mesmo enunciado.

Embora Castro (2007) tenha conceituado defesa civil com muita propriedade, a ideia popular do tema tem seu valor técnico: o conjunto das ações citadas no conceito apresentado pelo autor devem ser executadas por agentes, operadores das ações de proteção e defesa civil, uma vez que elas não acontecem por si só. No entendimento popular, a defesa civil seria um órgão responsável pela execução das ações citadas por Castro (2007). Contudo, esse conjunto de ações é tão grande e complexo que seria praticamente impossível que um único órgão fosse o responsável por executá-las.

Nesse sentido, é possível afirmar que essas ações devem ser executadas por vários órgãos, uma vez que os executivos dos âmbitos municipal, estadual e federal são compostos por vários elementos, com diferentes competências e conhecimentos que, em conjunto, são capazes de realizar ações apoiadas pela sociedade civil organizada e pelos próprios indivíduos de uma população como voluntários. Esse conjunto de atores não deve agir de acordo com o próprio entendimento do que deve ser realizado em casos de desastres, mas sim de acordo com orientações e condução de especialistas com competência para realizar a coordenação do conjunto. Assim, há um sistema formado por vários atores e uma coordenação. Posto isso, a defesa civil, mais do que um órgão, deve ser entendida como um sistema coordenado por um órgão.

Para finalizar a abordagem acerca do significado de proteção e defesa civil, é importante ter em mente que um conjunto formado por órgãos e entidades – além da sociedade civil organizada e dos voluntários individuais –, coordenado por um órgão gestor de proteção e defesa civil é quem desempenha as "ações preventivas, de socorro, assistenciais e reconstrutivas destinadas a evitar ou minimizar os desastres, preservar o moral da população e restabelecer a normalidade social" (Castro, 2007, p. 54).

1.1 Breve histórico

A defesa civil é tema antigo e encontra seus fundamentos em séculos passados. Podemos voltar no tempo e imaginar que os grupos humanos, nômades ou não, traziam consigo uma necessidade básica de desenvolver ações voltadas à própria sobrevivência, relacionadas à obtenção de alimentos e de água, à confecção e à preparação de abrigos e à segurança do grupo contra predadores e outros grupos rivais, sendo a expressão do próprio instinto de sobrevivência.

O homem e os agrupamentos humanos sempre buscaram a conjugação de esforços para melhor superar adversidades contra as quais lutavam, a fim de sobrepujá-las e de garantir a própria sobrevivência. Até hoje é possível observar a mesma lógica no comportamento humano, com ações que visam garantir a sobrevida – muito embora não se raciocine conscientemente dessa maneira, o corpo exige alimento, água, abrigo e segurança.

Justamente em relação a esses bens tão caros à nossa sobrevivência, há momentos na história da humanidade em que eles são limitados, principalmente em períodos de guerras. Em virtude disso, surgiram as primeiras iniciativas da defesa civil como uma tentativa organizada de buscar a proteção da população para promover sua sobrevivência diante das atrocidades geradas por tais períodos belicosos, dos quais destacamos a Segunda Guerra Mundial.

> *O primeiro país a se preocupar com a segurança da sua população foi a Inglaterra, que após os ataques sofridos entre 1940 e 1941, quando foram lançadas toneladas de milhares de bombas sobre as principais cidades e centros industriais ingleses, causando milhares de perdas humanas e assim instituiu a "Civil Defense"* (Defesa Civil). (Pinheiro et al., 2013, p. 4)

No cenário mundial, destaca-se a organização japonesa de proteção civil já na Segunda Guerra Mundial, quando houve a evacuação de milhares de pessoas das áreas onde ocorreram os ataques nucleares. Ainda hoje o Japão é destaque mundial quanto à organização e à capacidade de mobilização relativas à proteção e à defesa civil.

No Brasil, há registros antigos que comprovam iniciativas que buscavam a proteção da população contra desastres e, como não poderia deixar de ser, a Segunda Guerra Mundial funcionou como um dos importantes fatores motivadores dessa organização:

> *Com a participação do Brasil na Segunda Guerra Mundial e, principalmente, após o afundamento na costa brasileira dos navios de passageiros Arará e Itagiba, totalizando 56 vítimas fatais, o Governo Federal Brasileiro, em 1942, preocupado com a segurança da população,*

> estabelece medidas tais como a criação do Serviço de Defesa Passiva Antiaérea, a obrigatoriedade do ensino de Defesa Passiva em todos os estabelecimentos de ensino, oficiais ou particulares, existentes no país, entre outras medidas prevencionistas. (Pinheiro et al., 2013, p. 4)

Nesse sentido, a **Constituição de 1891** contemplou a primeira referência legislativa referente à preocupação brasileira com desastres, mencionando a calamidade pública:

> Art. 5º Incumbe a cada Estado prover, a expensas próprias, as necessidades de seu Governo e administração; a União, porém, prestará socorros ao Estado que, em caso de calamidade pública, os solicitar. (Brasil, 1891)

A **Constituição de 1934** praticamente repetiu o texto da anterior quanto ao apoio oferecido pela União aos estados, desde que o solicitassem, em caso de calamidade. Além disso, pela primeira vez houve referência específica a um desastre natural – a seca:

> Art. 5º Compete privativamente à União:
> XV – organizar defesa permanente contra os efeitos da seca nos Estados do Norte;
> [...]
> Art. 177. A defesa contra os efeitos das secas nos Estados do Norte obedecerá a um plano sistemático e será permanente, ficando a cargo da União, que dependerá, com as obras e os serviços de assistência, quantia nunca inferior a quatro por cento da sua receita tributária sem aplicação especial. (Brasil, 1934)

Por sua vez, a **Constituição de 1937** silenciou quanto às calamidades ou aos desastres de qualquer natureza, não trazendo nenhuma referência direta a esses temas (Brasil, 1937).

A Segunda Grande Guerra Mundial motivou os legisladores a pensar novamente na segurança "não policial" da população. No ano de 1942, foi registrada uma determinação legal que versava sobre o desenvolvimento de ações voltadas ao serviço de defesa passiva antiaérea, constante do Decreto-Lei n. 4.098, de 13 de maio de 1942 (Brasil, 1942a), que determinava procedimentos de proteção à população contra os ataques de guerra, direcionando sua execução à União, aos estados e aos municípios, bem como às pessoas físicas e jurídicas, cabendo ao Ministério da Aeronáutica, por exemplo, entre outras atribuições, emitir orientações quanto à construção de abrigos contra explosivos e gases.

No mesmo ano, por meio do Decreto-Lei n. 4.624, de 26 de agosto de 1942 (Brasil, 1942b), houve a criação formal e legal do Serviço de Defesa Passiva Antiaérea (S.D.P.A.Ae.), ligado ao Ministério da Justiça e Negócios Interiores. No ano seguinte, ocorreu a modificação da designação de *Serviço de Defesa Passiva Antiaérea* para *Serviço de Defesa Civil* por meio do Decreto-Lei n. 5.861, de 30 de setembro de 1943 (Brasil, 1943), que não explicitou as motivações práticas da adequação de nomenclatura, apenas indicou a referida mudança designativa.

Assim, a primeira legislação brasileira que tratou da temática se preocupava com a segurança da população em razão dos efeitos da guerra, diferentemente do intento atual, que busca a redução dos desastres. A temática iniciou um direcionamento voltado aos desastres naturais por meio da **Constituição de 1946**:

> Art. 5º Compete à União:
> [...]
> XIII – organizar defesa permanente contra os efeitos da seca, das endemias rurais e das inundações.
> [...]
> Art. 18. Cada Estado se regerá pela Constituição e pelas leis que adotar, observados os princípios estabelecidos nesta Constituição.
> [...]
> § 2º Os Estados proverão às necessidades do seu Governo e da sua Administração, cabendo à União prestar-lhes socorro, em caso de calamidade pública. (Brasil, 1946)

Na edição seguinte – **Constituição de 1967** (Brasil, 1967) –, os legisladores não deixaram a defesa contra os desastres de fora e fizeram referência à temática de defesa civil. Entretanto, mais uma vez é possível notar que o intuito do texto da Carta Magna de 1967 era voltado aos desastres naturais:

> Art. 8º Compete à União:
> [...]
> XII – organizar a defesa permanente contra as calamidades públicas, especialmente a seca e as inundações.
> (Brasil, 1967)

Nas Constituições brasileiras de 1891, 1934, 1946 e 1967, os legisladores fizeram menção às calamidades públicas, permitindo entender que a destacada preocupação não era exclusivamente com os desastres naturais, mas também com outras situações danosas que não fossem de origem natural e que pudessem originar situações calamitosas.

Não obstante a evolução legislativa da temática de proteção e defesa civil nas Constituições brasileiras, cabe destacar a importante iniciativa de organização da primeira estrutura governamental exclusivamente dedicada à proteção e defesa civil no Brasil. Ocorreu no ano de 1966, quando da criação da Defesa Civil do Estado da Guanabara (Brasil, 2017b), resultado de grandes enchentes registradas na Região Sudeste brasileira.

1.2 Como está organizada

A defesa civil brasileira está organizada de acordo com o **Sistema Nacional de Proteção e Defesa Civil** (Sinpdec), que tem seu regramento fundamental previsto na Lei n. 12.608, de 10 de abril de 2012 (Brasil, 2012a). O Sinpdec tem característica multissetorial, sendo constituído por órgãos e entidades da Administração Pública federal, dos estados, do Distrito Federal e dos municípios, bem como por entidades privadas e pela própria comunidade. Seu órgão central, responsável pela coordenação das ações de proteção e defesa civil em todo o território nacional, é a Secretaria Nacional de Proteção e Defesa Civil (Sedec), vinculada ao Ministério da Integração Nacional, com sede em Brasília – DF.

1.2.1 Proteção e defesa civil no país

A Sedec é detentora da vital atribuição de operacionalizar as ações de proteção e defesa civil no Brasil. Organizada nos termos da Portaria MI n. 280, de 6 de junho de 2017, é composta por algumas estruturas fundamentais e tem as principais atribuições previstas na citada portaria (Brasil, 2017a).

■ **Centro Nacional de Gerenciamento de Riscos e Desastres**

O Centro Nacional de Gerenciamento de Riscos e Desastres (Cenad) é responsável por manter vínculo com estados e municípios quando da ocorrência de desastres, monitorando seu desenrolar. É o canal de obtenção de apoio do Governo Federal para respostas aos desastres de parte desses entes federativos, tendo como algumas de suas principais **atribuições** (Brasil, 2017a):

» o acompanhamento e a execução de ações de monitoramento, preparação e resposta a desastres em âmbito nacional;

» o acompanhamento e o monitoramento das condições e das informações meteorológicas, geológicas, hidrológicas e sismológicas recebidas dos órgãos competentes;

» a consolidação, a elaboração e a difusão de relatórios de monitoramento de riscos e de ocorrências de desastres;

» a difusão de alertas de desastres e a prestação de orientações preparativas aos estados, ao Distrito Federal e aos municípios;

» a proposição de diretrizes e a elaboração de planos estratégicos para ações de preparação e respostas a desastres, em articulação com os demais órgãos do Sinpdec e do Governo Federal;

» a integração e a articulação das ações do Governo Federal no planejamento, no monitoramento, na preparação e na resposta a desastres em âmbito nacional;

» a análise das solicitações dos estados, do Distrito Federal e dos municípios para reconhecimento federal de situação de emergência e de estado de calamidade pública;

» a fomentação da criação e a atualização de sistemas de alarme e de gerenciamento de riscos e de desastres nos estados, no Distrito Federal e nos municípios.

■ Departamento de Articulação e Gestão
O Departamento de Articulação e Gestão (DAG) tem a função de subsidiar a formulação e a definição de diretrizes gerais relacionadas com a Política Nacional de Proteção e Defesa Civil (PNPDEC), promover estudos com vistas à obtenção de novas fontes de recursos para os programas de proteção e defesa civil, analisar e instruir processos de convênios, termos de compromisso, contratos, termos de cooperação e instrumentos similares no âmbito da Sedec.

■ Departamento de Prevenção e Preparação
Como o próprio nome indica, o *Departamento de Prevenção e Preparação* tem a função de reduzir desastres por meio de uma série de **ações**, das quais destacamos (Brasil, 2017a):
» subsidiar a formulação e a definição de diretrizes gerais relacionadas com a PNPDEC;
» desenvolver e implementar programas, projetos e estudos de prevenção e de preparação para emergências e desastres;
» promover, no âmbito do Sinpdec, o desenvolvimento de estudos relacionados com a identificação, a avaliação e o mapeamento de riscos e de desastres, a elaboração de mapas de áreas de risco, a suscetibilidade, o perigo e outros pertinentes;
» promover, em articulação com os estados, o Distrito Federal e os municípios, a organização e a implementação

de órgãos municipais de proteção e defesa civil e de núcleos comunitários de proteção e defesa civil;
» promover e consolidar, em âmbito nacional, o planejamento para a atuação de proteção e defesa civil por meio de planos diretores, preventivos, de contingência, de operação e plurianuais;
» promover, articular e implementar, junto ao Sinpdec, ações direcionadas à redução de riscos de desastres;
» elaborar e gerir o Plano Nacional de Proteção e Defesa Civil no âmbito da Sedec.

O desenvolvimento de ações preventivas em geral tem custo elevado, então, para que realmente sejam efetivas, assim como as ações de preparação, o órgão central do Sinpdec – a Sedec – desenvolve atividades com vistas a realizar ações preventivas e de preparação pelos entes federados.

Departamento de Reabilitação e de Reconstrução

O Departamento de Reabilitação e de Reconstrução atua após a ocorrência dos desastres, com o objetivo de restabelecer as condições necessárias para que o retorno à normalidade seja alcançado pelos municípios atingidos. Entre as **atribuições** do departamento, destacamos as seguintes (Brasil, 2017a):
» desenvolver e implementar programas e projetos de reabilitação e de reconstrução;
» coordenar, em âmbito nacional, ações de reconstrução em apoio aos órgãos estaduais, distritais e municipais de proteção e defesa civil;
» realizar a análise técnica das propostas de convênios, contratos, ajustes e outros instrumentos congêneres, relacionadas com suas atividades;

» realizar e supervisionar as vistorias técnicas dos objetos conveniados.

■ **Departamento de Operações de Socorro em Desastres**
O Departamento de Operações de Socorro em Desastres atua voltado especificamente a atividades de amparo e ajuda em caso de desastres, que é uma das três práticas que constituem a ação de resposta a esses eventos. Para a execução do trabalho, o departamento conta com uma Coordenação Geral de Operações e uma Coordenação de Logística, Preparo e Suporte. Algumas de suas principais **atribuições** são (Brasil, 2017a):

» coordenar, acompanhar e executar operações de socorro a desastres em âmbito nacional

» articular o apoio federal para o desenvolvimento de ações operacionais de socorro a desastres;

» mobilizar e coordenar equipes operacionais integrantes do Sinpdec em ações de socorro em apoio a entes federativos afetados por desastres;

» subsidiar a formulação e a definição de diretrizes gerais relacionadas com a PNPDEC

» participar de exercícios simulados relacionados com a preparação e a resposta a desastres;

» atuar, coordenadamente com o Cenad, na articulação e na integração entre a União, os estados, o Distrito Federal e os municípios na execução das atividades de socorro a populações afetadas por desastres;

» acompanhar o desenvolvimento e a implantação de ferramentas gerenciais com foco na gestão de desastres, com o objetivo de estabelecer um padrão nacional para coordenação, comando e controle de operações em desastres;

» coordenar o preparo de equipes multidisciplinares para atuação em socorro em desastres em âmbitos nacional e internacional;

» coordenar ações de logística para implementação e emprego de meios operacionais para atuação em ações de socorro em desastres.

As ações de resposta aos desastres, em especial aquelas ligadas ao socorro das populações atingidas, requerem equipes treinadas e equipamentos específicos, dificultando seu desenvolvimento em muitos municípios brasileiros em virtude da indisponibilidade local de Corpos de Bombeiros Militares. Diante de tal realidade, aliada ao fato de os grandes desastres facilmente superarem a capacidade local de resposta, faz-se necessário o apoio estadual e federal.

1.2.2 Proteção e defesa civil nos estados

Nos estados, a competência para desenvolver ações de proteção e defesa civil é do governo, por meio de órgãos específicos de proteção e defesa civil, sendo a maioria constituída por uma coordenadoria estadual de proteção e defesa civil vinculada ao Corpo de Bombeiros Militar. Em alguns estados, a coordenadoria estadual de proteção e defesa civil está vinculada à Casa Militar – como no Paraná, em São Paulo e no Rio Grande do Sul – ou à Casa Civil – como na Bahia – por meio da Superintendência de Proteção e Defesa Civil. Nos estados do Rio de Janeiro e de Santa Catarina, o órgão central estadual é constituído por uma secretaria de estado, e no Distrito Federal, por uma subsecretaria de estado.

É possível perceber que não há uma única estrutura adotada pelos estados, já que cada um pode se organizar da maneira que julgar mais conveniente. Contudo, o ideal é que o sistema adotado propicie ao gestor estadual de proteção e defesa civil os poderes necessários para movimentar a máquina estatal para realizar as ações fundamentais em desastres. Essas ações não podem estar adstritas somente à resposta aos desastres, mas também – e principalmente – às ações de prevenção e de mitigação. Da mesma forma, as ações de recuperação devem constituir foco de desenvolvimento pelo gestor estadual de proteção e defesa civil. Para tanto, o gestor deve ter acesso direto a secretários de Estado das mais diversas pastas, o que possibilita a articulação que os desastres requerem.

De outra parte, estando a coordenação estadual de defesa civil estruturada em um formato que não permita acesso facilitado aos secretários de Estado, a prevenção, a mitigação, a preparação, a resposta e a recuperação são comprometidas de imediato, uma vez que o gestor não terá a articulação necessária para viabilizar recursos e ações das secretarias estaduais antes de o desastre acontecer, quando ele acontece ou após a sua ocorrência. A própria resposta aos desastres, que geralmente é desenvolvida de imediato pelos Corpos de Bombeiros Militares, pode ser comprometida se os recursos externos aos bombeiros, que são necessários e podem pertencer às mais diversas secretarias de Estado, tiverem sua utilização e viabilização dependentes de autorização do secretário de cada órgão – a dificuldade de acesso a essas autoridades resulta em demora ou inviabilização de uma resposta adequada aos desastres. Com base nisso, voltamos a afirmar o quanto é necessário haver posicionamento estratégico do gestor de defesa civil na estrutura de governo.

1.2.3 Proteção e defesa civil nos municípios

Nos municípios, o órgão de proteção e defesa civil é comumente denominado Coordenadoria Municipal de Proteção e Defesa Civil (Compdec). Assim como os estados, os municípios devem obedecer ao raciocínio estrutural de posicionamento do órgão gestor de proteção e defesa civil na estrutura governamental municipal. O desejável é que o órgão municipal de proteção e defesa civil tenha acesso direto ao prefeito e aos secretários municipais para viabilizar recursos e ações tendentes a reduzir os desastres. Ainda, o gestor municipal deve apresentar as condições mínimas de liderança e de capacidade de articulação dentro do município, pois tais atributos o auxiliarão no desenvolvimento de seu trabalho no órgão municipal de proteção e defesa civil.

A defesa civil municipal desempenha o papel mais importante para que as ações voltadas à redução dos desastres se materializem e surtam os efeitos necessários para a proteção da população. Afirmamos isso categoricamente, pois o Poder Executivo municipal é o que administra o local em que o desastre acontece. É a administração municipal que primeiro recebe o impacto do desastre, consubstanciado pelos danos causados em virtude da incidência do evento causador do desastre sobre uma localidade vulnerável a seu potencial destrutivo. As demandas da população atingida chegam de imediato ao executivo municipal, que poderá ou não apresentar condições de administrá-las de acordo com sua preparação para isso.

Uma estrutura municipal de proteção e defesa civil bem preparada para atuar nos desastres que possam ocorrer na circunscrição sob sua responsabilidade resulta em menor sofrimento da população atingida, visto que será atendida com maior eficiência e eficácia. Já uma estrutura municipal de proteção e defesa civil deficitária não terá a mesma agilidade no atendimento à população, demandando mais tempo até que se organize uma resposta mínima, que, na maioria das vezes, por estar sendo articulada no momento da crise, não apresenta os resultados esperados, gerando outra crise a ser administrada.

Os gestores de proteção e defesa civil devem ter, além das capacidades mínimas citadas, conhecimento suficiente sobre as ações globais de proteção e defesa civil e como desenvolvê-las em seu município. Sem esse entendimento, o gestor terá dificuldades muito maiores para sua operacionalização, pois a gestão dos desastres propriamente dita exige conhecimentos específicos – a articulação com os órgãos estadual e federal de proteção e defesa civil deve ser realizada previamente para que se saiba com quem tratar em busca de recursos suplementares.

Mas o que fazer para estruturar o órgão municipal de proteção e defesa civil?

Cada município tem sua realidade contextual populacional, geográfica, política, econômica. Há diferenças bastante significativas entre os municípios brasileiros; portanto, o que se sugere a um município pode não ser ideal ou factível para outro. O indicado é que a Compdec, de acordo com Calheiros, Castro e Dantas (2009), seja composta por um coordenador ou secretário executivo e, minimamente, por uma estrutura subordinada a esse coordenador composta pelas seguintes áreas e setores:

» **Área Administrativa** – Desempenha atividades-meio da Coordenadoria em trabalhos administrativos, secretariando a Compdec, elaborando ofícios e demais expedientes, cadastrando e revisando recursos materiais, humanos e financeiros, podendo ainda desenvolver atividades de apoio às demais áreas e setores.

» **Área de Minimização de Desastres** – Desenvolve atividades-fim da defesa civil, relacionadas diretamente com a atuação nos desastres, devendo ser composta por dois setores:
  » **Setor de Prevenção e Mitigação de Desastres** – É responsável pela avaliação de riscos aos quais o município está sujeito e pela redução de riscos de desastres. Busca identificar situações com potencial de gerar risco no município, mapeando áreas suscetíveis e vulneráveis à ocorrência de desastres, como no caso de deslizamentos, inundações, precipitação de granizo, acidentes rodoviários no transporte de produtos perigosos etc. É importante que se dimensione o problema buscando informações mais detalhadas sobre as áreas, procurando identificar e caracterizar com detalhes as vulnerabilidades existentes tanto em relação ao meio físico quanto das populações – por exemplo, se as residências são predominantemente de madeira, se os telhados são predominantemente de telhas de fibrocimento de 4 milímetros, entre outras características. Quanto à vulnerabilidade relacionada às populações, se as famílias são de baixa renda, se têm algum tipo de capacitação para responder aos desastres etc. Nas áreas apontadas pelo mapeamento, deve haver cadastramento de residências e demais edificações, contabilizando-as, apontando locais que possam requerer maior atenção, como hospitais, escolas etc. Os moradores dessas áreas também devem ser cadastrados, identificando o número de crianças, idosos e pessoas com deficiências, qual é a composição familiar de cada residência, telefones de contato etc. Com todas as informações,

poderão ser propostas às secretarias municipais medidas de mitigação ou de prevenção de desastres em cada área mapeada e, em caso de necessidade, devem ser solicitados recursos aos governos estadual e federal visando à implementação de tais medidas.

» **Setor de Preparação para Emergências e Desastres** – Deve procurar desenvolver medidas que busquem deixar a estrutura municipal para responder às emergências e aos desastres em condições de emprego rápido: o monitoramento dos eventos meteorológico severos, a monitorização das áreas de risco, a mobilização de populações de áreas de risco na iminência de desastres, o alerta e o alarme, a aquisição de veículos e equipamentos, como embarcações para retirada de pessoas isoladas por inundações e alagamentos, lonas plásticas para cobertura emergencial de casas destelhadas por vendavais, entre outros, ou seja, o aparelhamento da estrutura municipal de emergência para atuação nos desastres. Ainda, a preparação perpassa pela capacitação de pessoal para atuação nos desastres. O melhor exemplo de grupos que atuam em desastres são os bombeiros profissionais públicos, que realizam treinamentos rotineiros voltados ao socorro, como busca e salvamento de pessoas sob escombros, em áreas inundadas etc. Além dessas capacitações, há outra que é fundamental e voltada à gestão dos desastres, cujo conteúdo deve ser conhecido pelos componentes da Compdec: o Sistema de Comando de Incidentes (SCI) – a ser analisada com mais detalhes em capítulo específico. Em suma, a Compdec deve atuar nas ações de preparação, nunca esquecendo que sua atuação não é operacional de campo, mas sempre será de gerenciamento de desastres, ou seja, de coordenação.

» **Área Operacional** – Diz respeito ao período de anormalidade, ou seja, ao período a partir da ocorrência de desastres. Logo após a ocorrência dos desastres ou na iminência de sua ocorrência, são iniciadas as ações de resposta de acordo com os planejamentos realizados. Se esses planejamentos não foram desenvolvidos com antecedência, as ações de resposta devem ocorrer de igual maneira, mesmo que com menor eficiência e eficácia se comparadas às ações previamente planejadas. Além das ações de resposta, há ações de recuperação, que visam restabelecer os cenários atingidos por desastres, proporcionando condições para que as populações possam retomar sua vida. Sugere-se que a Área Operacional seja composta por dois setores:

» **Setor de Resposta aos Desastres** – Tem por responsabilidade o desenvolvimento das ações de socorro às populações em risco e às populações atingidas pelos desastres, além da assistência humanitária às pessoas afetadas e, por fim, as atividades de reabilitação dos cenários dos desastres, buscando o restabelecimento da normalidade social a fim de que as populações possam voltar minimamente ao desenvolvimento de suas atividades rotineiras normais.

» **Setor de Reconstrução ou Recuperação** – Tende a buscar o restabelecimento da normalidade da vida nas comunidades afetadas pelos desastres em um nível maior que aquele alcançado pelas atividades de reabilitação dos cenários afetados quando do desenvolvimento das ações de resposta aos desastres. A recuperação dos desastres é consubstanciada por meio de atividades que possibilitem o "restabelecimento dos serviços públicos essenciais, reconstrução e/ou recuperação das edificações e infraestrutura, serviços básicos necessários a restabelecer a normalidade" (Calheiros; Castro; Dantas, 2009, p. 5).

A estrutura de áreas e setores apontada para a Compdec poderá ser suprida de acordo com as possibilidades e as necessidades de cada município. O mais indicado seria que cada área e setor dispusesse de pessoal exclusivo para o desempenho do trabalho relativo a essas funções. Entretanto, a realidade dos municípios brasileiros é bastante distinta: em tese, os maiores municípios podem alocar mais pessoal para o desempenho das funções indicadas e os menores têm maior dificuldade em disponibilizar uma quantidade ideal de servidores. Diante dessas diferenças e potenciais dificuldades, áreas e setores distintos podem ser operacionalizados pelo mesmo servidor.

Em muitos municípios brasileiros, a estrutura da Compdec conta somente com o Coordenador Municipal de Proteção e Defesa Civil, que acaba desempenhando sozinho todas as funções apontadas. Independentemente do número de servidores designados pelo prefeito para integrar a Compdec, torna-se altamente recomendável que todas as áreas e os setores sejam operacionalizados e desenvolvam as ações de proteção e defesa civil a eles correspondentes.

Poucos são os municípios brasileiros com estrutura municipal em condições de desempenhar com eficiência e eficácia as ações de proteção e defesa civil. Como a administração municipal é quem invariavelmente dá a primeira resposta no caso de desastres, uma estrutura deficiente não consegue implementar tais ações, refletindo na população atingida e aumentando o tempo de sofrimento com os efeitos, que são, em geral, potencializados em razão dessa estrutura deficiente. Essa deficiência decorre, principalmente, de uma não estruturação nacional para prover o município do que seja necessário para o desempenho de sua missão de proteção e defesa civil.

Como o município é o primeiro a sentir os impactos dos desastres, e também o primeiro ente federativo que deve responder por eles, esse poder deveria figurar como o principal foco para o desenvolvimento de uma política pública voltada ao fortalecimento estrutural com vistas à redução dos desastres. Uma boa estruturação e operacionalização da Compdec e até mesmo sua própria existência ainda dependem quase que exclusivamente do interesse do prefeito em fazer que o órgão municipal de proteção e defesa civil consiga desempenhar adequadamente suas funções.

Contudo, muito embora ainda não se verifique esse enfoque estruturante na legislação brasileira, há uma possibilidade local, além do executivo municipal, de buscar um mínimo de operacionalização da estrutura municipal de proteção e defesa civil. A criação de um conselho municipal de proteção e defesa civil, composto por vários segmentos da sociedade, pode ser o motor da Compdec, uma vez que possibilita a participação dos cidadãos na definição dos rumos da defesa civil municipal, indicando o que precisa ser realizado e motivando o Executivo municipal a desenvolver ações que busquem a redução dos desastres.

Questão para reflexão

1) Desastres são acontecimentos realmente importantes? Parece que sim. Contudo, questões públicas mais relevantes, em geral, têm profissionais dedicados. Na proteção e defesa civil não é assim. A maioria dos municípios brasileiros não tem sequer um gestor municipal de proteção e defesa civil nomeado, e, quando o tem, muitos não recebem apoio dos prefeitos para desenvolver um trabalho condizente com a importância que o tema merece, tendo de acumular funções e relegar os desastres a um segundo plano, esperançosos de que eles não aconteçam. Qual é sua opinião sobre esse assunto?

Síntese

A proteção e defesa civil é entendida pela população de acordo com as informações a ela disponibilizadas, as quais, via de regra, são repassadas pela mídia. Isso dificulta a compreensão técnica do tema. Os aspectos relacionados à história da proteção e defesa civil são importantes para a compreensão do modelo atual de estrutura e organização desse sistema nas esferas federal, estadual e municipal de governo.

Para saber mais

Acesse a *Apostila sobre implantação e operacionalização de COMDEC*, disponível nos arquivos da Coordenadoria Estadual de Proteção e Defesa Civil, conforme *link* a seguir indicado, e verifique mais detalhes a respeito dessa importante estrutura de proteção e defesa civil responsável pelas ações locais.

CALHEIROS, L. B.; CASTRO, A. L. C. de; DANTAS, M. C. **Apostila sobre implantação e operacionalização de COMDEC**. 4. ed. Brasília: Ministério da Integração Nacional/Secretaria Nacional de Defesa Civil, 2009. Disponível em: <http://www.defesacivil.pr.gov.br/arquivos/File/ManualCOMDEC2009.pdf>. Acesso em: 6 jun. 2018.

Questões para revisão

1) *Proteção e defesa civil* refere-se a um órgão ou a um sistema? Justifique.

2) Cite a composição da estrutura mínima de uma Compdec.

3) Para Castro (2007), *defesa civil* é entendida como um conjunto de ações destinadas a evitar ou minimizar os desastres, preservar o moral da população e restabelecer a normalidade social. Quais são essas ações?
   a. Preventivas, de salvamento, assistenciais e recuperativas.
   b. Preventivas, de socorro, assistenciais e reconstrutivas.
   c. Preventivas, de salvamento, assistenciais e reconstrutivas.
   d. Proativas, de socorro, assistenciais e recuperativas.

4) O Sistema Nacional de Proteção e Defesa Civil (Sinpdec), que tem como órgão central a Secretaria Nacional de Proteção e Defesa Civil (Sedec), vinculada ao Ministério da Integração Nacional, é constituído por:

a. órgãos e entidades da Administração Pública federal e dos estados, bem como por entidades privadas e pela própria comunidade.
b. órgãos e entidades da Administração Pública dos estados, do Distrito Federal e dos municípios, bem como por entidades privadas e pela própria comunidade.
c. órgãos e entidades da Administração Pública federal, dos estados, do Distrito Federal e dos municípios, bem como por entidades privadas e pela própria comunidade.
d. apenas por órgãos e entidades da Administração Pública federal, dos estados, do Distrito Federal e dos municípios.

5) Com relação à Coordenadoria Municipal de Proteção e Defesa Civil, considere as assertivas a seguir.

I. É desejável que o órgão municipal de proteção e defesa civil tenha acesso direto ao prefeito municipal e aos secretários municipais para viabilizar com mais facilidade recursos e ações tendentes a reduzir os desastres.
II. O gestor municipal deve ter um perfil de liderança e capacidade de articulação no município, uma vez que tais atributos o auxiliarão no desenvolvimento de seu trabalho no órgão municipal de proteção e defesa civil.
III. O gestor da Compdec não precisa ter conhecimento técnico a respeito das ações globais de proteção e defesa civil, pois a prática é diferente da teoria.
IV. Um mesmo servidor municipal pode ser encarregado de mais de uma área e setor da estrutura da Compdec.

Agora, assinale a alternativa que apresenta a resposta correta:
a. Somente as assertivas I, II e IV são verdadeiras.
b. Somente as assertivas I e II são verdadeiras.
c. Somente as assertivas I, II e III são verdadeiras.
d. Somente as assertivas II, III e IV são verdadeiras.
e. Todas as assertivas são verdadeiras.

II

Organizações de proteção e defesa civil

Conteúdos do capítulo:

» Tema de trabalho de proteção e defesa civil.
» Desastres.
» Causas e soluções para desastres.
» Classificações de desastres.
» Classificação e Codificação Brasileira de Desastres.

Após o estudo deste capítulo, você será capaz de:

1. identificar o objeto de trabalho das organizações de proteção e defesa civil;
2. apontar os requisitos necessários para um incidente ser classificado como desastre;
3. relatar as causas de desastres naturais, tecnológicos e antrópicos;
4. discorrer sobre a atuação necessária para reduzir desastres;

5. demonstrar a necessidade da organização metodológica dos desastres de acordo com características de classificação;
6. evidenciar a classificação e a codificação atualmente em vigor no Brasil para os desastres.

Cada ramo da atividade humana, seja na iniciativa privada, seja no serviço público, tem um foco de trabalho e objetivos que norteiam seu desenvolvimento. E isso não é diferente para a proteção e a defesa civil. Como dito, os noticiários cada vez mais relatam casos de incidentes e emergências que assolam a população mundial, e há um tipo de evento que constitui a temática principal do trabalho das organizações de proteção e defesa civil: os desastres.

Mas o que são desastres? Assim como para a expressão *proteção e defesa civil*, para os *desastres* também há um entendimento popular, mas nosso foco é a compreensão do entendimento técnico do termo.

2.1 O que são desastres

Bombeiros se deslocando com as sirenes ligadas, veículos policiais a toda velocidade, ambulâncias e outros serviços de emergência se encaminhando para ajudar pessoas atingidas por eventos causadores de danos e de prejuízos. Praticamente todos os dias assistimos a essas cenas nos noticiários e, em muitas delas, o tema de trabalho da proteção e defesa civil está presente.

Nem todas as emergências e os incidentes se constituem em desastres. O que isso significa? Um acontecimento trágico na vida de alguém não configura um desastre? A resposta pode ser "sim" ou "não". No **entendimento popular** de *desastre*, poderíamos dizer que "sim", mas, na linguagem técnica, talvez o evento não constitua um desastre. Ao presenciar um acidente automobilístico, como uma colisão entre dois carros, mesmo sem feridos, os condutores podem dizer: "Aconteceu um desastre com meu carro!", ou uma testemunha pode comentar: "Vi um desastre entre dois carros perto de minha casa!". Nas duas frases, há o termo *desastre* utilizado no entendimento popular, que difere de seu conceito técnico, o qual requer estudo e conhecimento prévios.

O **entendimento técnico** do desastre provém de estudos dedicados ao tema tanto na academia quanto na gestão dos desastres. O Sistema Nacional de Proteção e Defesa Civil (Sinpdec) adotou um conceito para os desastres que norteará nossa análise, pois é quem operacionaliza a proteção e defesa civil no Brasil, ou seja, é dele que partem todas as orientações para a realização das ações de proteção e defesa civil em conjunto com os estados, o Distrito Federal e os municípios. É preciso ressaltar que o Sinpdec pode alterar o conceito de desastre se necessário, mas, atualmente, no âmbito da Política Nacional de Proteção e Defesa Civil (PNPDEC), constante no Anexo VI da Instrução Normativa (IN) n. 2, de 20 de dezembro de 2016, do Ministério da Integração Nacional, *desastre* é "resultado de eventos adversos, naturais, tecnológicos ou de origem antrópica, sobre um cenário vulnerável exposto a ameaça, causando danos humanos, materiais ou ambientais e consequentes prejuízos econômicos e sociais" (Brasil, 2016c).

Procurando investigar a acepção mais ampla por meio da compreensão de seus componentes individualizados que trazem importantes significados técnicos de proteção e defesa civil, compartimentaremos o conceito e analisaremos cada parte. Para tanto, reapresentaremos trechos do conceito de desastre, destacando os termos e as expressões que merecem aprofundamento.

O desastre é resultado de algo, em que há uma causa e um efeito envolvidos, pois é "**resultado** de eventos adversos, naturais, tecnológicos ou de origem antrópica" (Brasil, 2016c, grifo nosso). Quando afirmamos que há um resultado, de imediato é possível raciocinar que houve um processo que levou a esse resultado. Ao enfrentar uma situação difícil ou desfavorável àquilo que almejamos, podemos inferir que a situação é adversa, contra aquilo que pretendemos ou com potencial de gerar resultados que não desejamos: "resultado de **eventos adversos**, naturais, tecnológicos ou de origem antrópica, sobre um cenário vulnerável" (Brasil, 2016c, grifo nosso).

Eventos adversos têm capacidade destrutiva ou potencial lesivo de acordo com sua magnitude ou quanto maior for sua força – como uma tempestade com ventos de 40 km/h (quilômetros por hora) comparada a um vendaval com ventos de 100 km/h. É claro que o vendaval tem um potencial destrutivo maior; contudo, o resultado da incidência desses ventos ou o grau de afetação de um cenário dependerá da incidência *versus* resistência do cenário.

Note-se, ainda, que a expressão *evento adverso* não deve ser confundida com o termo *desastre*, uma vez que este é o resultado da incidência de um evento adverso sobre um cenário vulnerável, não sendo o desastre o próprio evento adverso.

De acordo com o Anexo VI da IN n. 2/2016, os eventos adversos podem ter diferentes causas e ser classificados como:

» **Evento adverso natural** – Constitui "desastre natural considerado acima da normalidade em relação à vulnerabilidade da área atingida, que podem implicar em perdas humanas, socioeconômicas e ambientais" (Brasil, 2016c). São eventos com potencial causador de desastre advindos da natureza, como vendavais, chuvas intensas, falta prolongada de chuvas, precipitação de granizo; na maioria das vezes provocados por eventos meteorológicos severos.

» **Evento adverso tecnológico** – Constitui "desastre originado por condições tecnológicas decorrentes de falhas na infraestrutura ou nas atividades humanas específicas consideradas acima da normalidade, que podem implicar em perdas humanas, socioeconômicas e ambientais" (Brasil, 2016c). Eventualmente, há relatos de grandes incêndios em locais de estocagem de combustíveis ou quedas de aeronaves de passageiros, que são exemplos de desastres em virtude de falhas em sistemas, em estruturas ou em processos, sendo tudo isso construído e mantido pelo homem.

» **Evento adverso antrópico** – Constitui "desastre decorrente de atividades humanas predatórias ou consideradas acima da normalidade, que podem implicar em perdas humanas, socioeconômicas e ambientais" (Brasil, 2016c). Essa categoria de evento adverso é uma novidade trazida pela IN n. 2/2016.

Para esclarecer algo importante, será necessário adiantarmos um aspecto da classificação dos desastres, que trataremos com detalhes em capítulo específico. Na Classificação e Codificação Brasileira de Desastres (Cobrade), todas as possibilidades desses eventos encontram-se distribuídas entre as duas classificações principais: naturais e tecnológicos. A IN n. 2/2016 apresentou o terceiro tipo de evento adverso – antrópico –, mas sem implicar mudanças no sentido de reclassificar os desastres para considerar esse novo tipo. Assim, o Sinpdec aguarda um posicionamento da Secretaria Nacional de Proteção e Defesa Civil (Sedec) acerca de quais serão os tipos de desastres considerados como antrópicos para que a Cobrade seja atualizada.

Os eventos adversos, ao incidirem sobre locais e comunidades que apresentem resistência insuficiente a seu potencial destrutivo, resultam em afetação desses cenários: "resultado de eventos adversos, naturais, tecnológicos ou de origem antrópica, sobre um **cenário vulnerável** exposto a ameaça" (Brasil, 2016c, grifo nosso). Os cenários podem ou não apresentar resistência ao potencial ofensivo de um evento adverso. A resistência seria a capacidade do cenário considerado para resistir ao impacto do evento adverso, sendo natural ou criada ou, ainda, potencializada, dependendo das ações de identificação da deficiência de resistência do cenário ante os eventos adversos, de um consequente planejamento de medidas mitigadoras dessa deficiência e de implementação das medidas planejadas. Tudo isso demanda tempo, pois não se consegue identificar e planejar adequadamente de maneira rápida a ponto de sua implementação gerar resultados duradouros e eficientes, além de demandar recursos financeiros, já que técnicos devem realizar o trabalho de identificação e de planejamento. Por fim, a implementação dessas medidas, de igual maneira, requer a correta destinação de recursos.

Quando aludimos à resistência ao potencial ofensivo dos eventos adversos, referimo-nos à vulnerabilidade dos cenários, que é inversamente proporcional à referida resistência. Assim, se houver um cenário com alta capacidade de resistência ao potencial ofensivo de um evento adverso, dizemos que tem baixa vulnerabilidade em relação àquele evento. Por outro lado, se o cenário tiver baixa resistência, afirmamos que sua vulnerabilidade é alta. Note que há uma relação importante nessa questão, que exprime a vulnerabilidade em relação ao potencial ofensivo dos eventos adversos. De um modo geral, essa relação entre a vulnerabilidade e o potencial de ocorrência de um evento adverso exprime o risco de desastre para a defesa civil, o que será abordado em capítulo específico.

Como vimos, os eventos adversos são acontecimentos com poder ofensivo e que, ao atingir um cenário vulnerável, causam danos e prejuízos: "resultado de eventos adversos, naturais, tecnológicos ou de origem antrópica, sobre um cenário vulnerável exposto a **ameaça**, causando danos humanos, materiais ou ambientais e consequentes prejuízos econômicos e sociais" (Brasil, 2016c, grifo nosso). Segundo o conceito trazido pelo Anexo VI da IN n. 2/2016, *ameaça* é "evento em potencial, natural, tecnológico ou de origem antrópica, com elevada possibilidade de causar danos humanos, materiais e ambientais e perdas socioeconômicas públicas e privadas" (Brasil, 2016c), ou seja, é um evento em potencial, que pode ser natural, tecnológico ou antrópico.

Procurando explorar um pouco mais o tema ameaça, encontramos o seguinte conceito no *Glossário de defesa civil: estudos de riscos e medicina de desastres*, qual seja, "Estimativa da ocorrência e magnitude de um evento adverso, expressa em termos de probabilidade estatística de concretização do evento (ou acidente) e da provável magnitude de sua manifestação" (Castro, 2007, p. 18). Para o autor, a ameaça não seria um evento em potencial, mas a medida da possibilidade de o evento adverso ocorrer, em termos estatísticos, ou seja: Será que o evento adverso vai acontecer? Qual é a possibilidade ou a probabilidade de ele acontecer? Qual será a força, a velocidade, a quantidade ou outra grandeza desse evento adverso? Podemos dizer que o conceito apresentado por Castro (2007) direciona o pensamento para essas perguntas, cujas respostas ajudam a dimensionar a ameaça. Apenas para relembrar e diferenciar o conceito em questão, a IN n. 2/2016 define que a *ameaça* é o próprio evento adverso em potencial.

Acerca do trecho "resultado de eventos adversos, naturais, tecnológicos ou de origem antrópica, sobre um cenário vulnerável exposto a ameaça, causando **danos humanos, materiais ou ambientais** e consequentes prejuízos" (Brasil, 2016c, grifo nosso), o Anexo VI da IN n. 2/2006 traz o seguinte entendimento oficial para a expressão destacada: "resultado das perdas humanas, materiais ou ambientais infligidas às pessoas, comunidades, instituições, instalações e aos ecossistemas, como consequência de um desastre" (Brasil, 2016c). O conceito encontrado na IN n. 2/2006 é praticamente o mesmo daquele trazido pelo *Glossário de defesa civil*: *estudos de riscos e medicina de desastres*, sem nenhum elemento novo agregado a seu conjunto que possa modificar seu entendimento. De acordo com o glossário, o *dano* constitui-se na "intensidade de perda humana, material ou ambiental, induzida às pessoas, comunidade, instituições, instalações e/ou ao ecossistema, como consequência de um desastre" (Castro, 2007, p. 53).

O evento adverso que causa um desastre traz como resultado *danos*, que, na linguagem da defesa civil brasileira, significam aquilo que foi danificado ou destruído, devendo ser contabilizado, para fins de registro de defesa civil, em termos de quantidade, não sendo valorado financeiramente. Quando falamos em danos decorrentes do desastre, referimo-nos justamente ao que foi atingido pelo desastre e sofreu algum tipo de afetação. Em um desastre, pessoas podem ser atingidas pelo evento adverso, assim como seus bens materiais e o meio ambiente. Para afirmar que uma pessoa foi atingida por um desastre, ela deve ter sofrido algum tipo de afetação no próprio corpo, como um ferimento, ou ainda ter sido privada de algo, como acontece quando a pessoa deve sair de sua casa e ir a um abrigo público, uma vez que, ainda que momentaneamente, a casa tenha perdido as condições de habitabilidade. Outro exemplo interessante é a queda no fornecimento de energia elétrica, que dificulta o desenvolvimento de atividades da pessoa e, para a defesa civil, torna-a afetada pelo desastre. A respeito de *danos materiais*, a defesa civil traz a ideia de algo que pertence a alguém e que, para sua recuperação, desde que seja possível, haverá um custo envolvido, podendo os bens imóveis, móveis e semoventes ser contabilizados – como exemplo, se a residência de uma pessoa foi destruída ou mesmo danificada, será contabilizada como dano.

Em "resultado de eventos adversos, naturais, tecnológicos ou de origem antrópica, sobre um cenário vulnerável exposto a ameaça, causando danos humanos, materiais ou ambientais e consequentes **prejuízos econômicos e sociais**" (Brasil, 2016c, grifo nosso), a expressão destacada é encontrada no *Glossário de defesa civil: estudos de riscos e medicina de desastres* com o seguinte entendimento: "Medida de perda relacionada com o valor econômico, social e patrimonial de um determinado bem, em circunstâncias de desastre" (Castro, 2007, p. 145). Os prejuízos econômicos possibilitam uma avaliação da capacidade financeira de recuperação por parte da administração local dos danos em virtude da incidência do evento adverso causador do desastre.

Contabilizados os danos humanos, ambientais e materiais, eles devem, então, ser mensurados em termos de valor econômico para sua recuperação, ou seja, quanto custará aos cofres para que os danos dessas três categorias sejam efetivamente consertados e deixados novamente em condições funcionais. Esse trabalho deve ser realizado por técnicos com conhecimento suficiente que possibilite essa valoração, como engenheiros civis que possam valorar o custo para a recuperação e a estabilização de uma encosta ou da edificação de uma escola. Realizado o levantamento do custo para recuperação dos danos ocasionados em razão do desastre, Castro (2007, p. 145) orienta que

> *os prejuízos econômicos [...] devem ser comparados com a capacidade econômica do município afetado pelo desastre, medida em termos de Produto Interno Bruto – PIB, volume do orçamento municipal e capacidade de arrecadação. Devem ser discriminados em função dos seguintes setores da economia: agrícola; pecuária; indústria; comércio; mineração; transportes. Os prejuízos sociais mais importantes relacionam-se com a interrupção do funcionamento ou com o colapso de serviços essenciais, como: assistência médica, saúde pública e atendimento de emergências médico-cirúrgicas; abastecimento de água potável; esgoto de águas pluviais e sistema de esgotos sanitários; sistema de limpeza urbana e de recolhimento e destinação do lixo; sistema de desinfestação e desinfecção do habitat e de controle de pragas e vetores; geração e distribuição de energia elétrica; telecomunicações; transportes locais e de longo curso; distribuição de combustíveis, especialmente os de uso doméstico; segurança pública; ensino.*

Com relação à contabilização dos prejuízos sociais, além do valor para sua recuperação, há o valor atinente a um custo que vai além daquele ligado à recuperação física e não pode ser recuperado, como dias que determinada região fica sem fornecimento de energia elétrica, o que implica determinar exatamente qual é a região, quantas residências ficaram sem energia e quanto essa falta de fornecimento custa por dia. Esse tipo de contabilização, entretanto, constitui-se em elemento importante para demonstração do nível de afetação ocorrida no município em virtude do desastre, auxiliando no entendimento e no convencimento das autoridades estaduais e federais no caso de uma eventual – mas necessária – mobilização de recursos suplementares ao município atingido pelo desastre.

2.2 Causas dos desastres

Como já explicitamos, o desastre é um resultado; sendo assim, há uma causa por trás dele, algo ou alguém que, por ação ou por omissão, dá causa ao desastre. Em conformidade com o conceito apresentado na IN n. 2/2016, os desastres podem ter origem ou causa natural, tecnológica ou antrópica: "resultado de eventos adversos, naturais, tecnológicos ou de origem antrópica, sobre um cenário vulnerável exposto a ameaça, causando danos humanos, materiais ou ambientais e consequentes prejuízos econômicos e sociais" (Brasil, 2016c).

Mas o que significa afirmar que os desastres têm causa natural, tecnológica ou antrópica? Abordaremos os aspectos relacionados a essas causas, pois, entendendo a atuação sobre elas, procurando diminuir sua possibilidade de ocorrência ou seu potencial ofensivo, haverá, eventualmente, um alvo alcançável.

2.2.1 Desastres naturais

Os *desastres naturais* são assim nomeados única e exclusivamente porque têm origem em eventos da natureza, como vendavais, chuvas intensas, precipitação de granizo, deslocamento de placas tectônicas etc. Porém, atualmente, há uma forte corrente acadêmica que defende não existirem desastres naturais, pois, mesmo sendo o evento deflagrador do desastre um evento da natureza, seus efeitos seriam decorrentes ou teriam como causa uma omissão política dos governantes que deveriam desenvolver ações voltadas a evitar ou minimizar as consequências da incidência de tais eventos deflagradores sobre os locais vulneráveis.

Como exemplo, citamos o caso do constante incremento acentuado da precipitação hídrica em determinado local onde são registradas inundações. Deveria haver atuação nesses locais para que, mesmo se repetindo esse incremento de chuvas, as consequências não mais se repetissem, ocorrendo, no mínimo, uma diminuição de seus efeitos. A corrente acadêmica citada afirma que o homem é o responsável por tais consequências danosas e que, portanto, os desastres não poderiam ser naturais.

Contudo, entendemos que, em conformidade com os conceitos de proteção e defesa civil atualmente em vigor no Brasil, os desastres naturais são aqueles que têm como fato gerador, ou seja, como motor impulsionador, o evento adverso que tem origem na natureza. Nesse sentido, o que define um desastre natural não é a ideia de que seria ele, o desastre em si, um fato da natureza com causa e efeito unicamente na natureza. Esse não é o raciocínio que devemos propagar, mas sim o de que o motor que dá início ao desastre, o elemento do qual provém a energia necessária para que o desastre se configure, é a natureza.

Sobre esse motor gerador, a atuação do homem em busca da diminuição dessa energia, na tentativa de atenuar seu potencial ofensivo danoso ou destrutivo, não é possível. Como seria possível diminuir a velocidade dos ventos de um vendaval ou a quantidade de chuva de um temporal? Essas tarefas são inalcançáveis ao homem. Contudo, o monitoramento desses eventos da natureza é possível, considerando as tecnologias existentes, que possibilitam antever sua ocorrência e antecipar ações que podem atenuar os efeitos de sua incidência sobre locais com resistência insuficiente. Por meio de ações de detecção e do monitoramento de eventos severos da natureza, o homem pode não somente antever sua ocorrência, mas também dimensionar seu potencial danoso ou destrutivo – por exemplo, medindo a quantidade de chuva prevista para determinada área de risco ou prevendo a velocidade dos ventos que atingirão um local específico.

As ações de detecção e de monitoramento de eventos severos da natureza proporcionam informações preciosas para os gestores de desastres, que devem cruzá-las com um importante componente das ações de proteção e defesa civil: a capacidade de resistência de um sistema ou local contra o potencial danoso ou destrutivo de um evento adverso natural causador de desastre, conhecido pela proteção e defesa civil como *vulnerabilidade do cenário receptor*. A vulnerabilidade é diretamente proporcional ao potencial de danos que um cenário pode apresentar, ou seja, quanto maior for a vulnerabilidade, maior será o potencial de danos, pois o cenário tem menor resistência contra o evento adverso e, quanto menor for a vulnerabilidade, menor será esse mesmo potencial danoso, uma vez que o cenário tem maior capacidade de resistência.

Quando nos referimos a desastres naturais, portanto, a atuação em busca de sua redução deve incidir nas ações de detecção e de monitoramento dos eventos naturais severos e nas ações de alerta e de alarme das populações. Além disso, deve-se objetivar, principalmente, a diminuição da vulnerabilidade de cenários, tema que será tratado na seção sobre a diminuição do risco de desastres.

O que efetivamente causa os desastres naturais? Para que um desastre seja configurado, deve haver danos humanos, materiais ou ambientais decorrentes da incidência de evento adverso sobre um local vulnerável. Para ilustrar, vamos nos valer do evento ocorrido no ano de 2011 na região serrana do Rio de Janeiro, que foi severamente atingida por desastres que ceifaram mais de 500 vidas humanas, principalmente em virtude de movimentos gravitacionais de massa (deslizamentos) e enxurradas. Esses desastres poderiam ter sido evitados ou ao menos atenuados? A resposta, infelizmente, é "sim". Não podemos encarar o ocorrido como mera fatalidade, pois havia tecnologia suficiente para detectar e estimar a grande quantidade de chuva que atingiria o Rio de Janeiro na oportunidade, ou seja, o evento adverso poderia ser bem caracterizado.

O que fazer com as informações de previsão e medição? Não basta saber que choverá muito e onde isso poderá ocorrer. Esses dados devem ser utilizados em combinação com outros acerca dos locais que receberão o evento adverso e que devem ser muito bem caracterizados quanto às suas condições de resistir ao evento adverso na magnitude estimada pelos órgãos de monitoramento e previsão.

Essa caracterização, basicamente, constitui-se de uma avaliação das condições locais de resistência à incidência do evento adverso em sua magnitude. Por exemplo, o solo deve ser avaliado quanto à possibilidade de deslizamento, procurando-se definir a chuva crítica necessária para desencadear o fenômeno de movimento gravitacional de massa. Para tanto, é avaliada uma série de fatores que, somados, em maior ou menor proporção, contribuem para que o deslizamento ocorra, entre eles a cobertura vegetal, a inclinação da encosta, o tipo e a compactação do solo. Com essa caracterização relacionada a um estudo da quantidade de chuva necessária para que o solo da encosta deslize, os índices de chuva relativos àquela encosta seriam determinados especificamente para que fossem estabelecidos os níveis, por exemplo, de atenção, de alerta e de alarme, a fim de que a comunidade fosse evacuada em tempo hábil. Para que essa evacuação ocorra, deve ser estipulado, ainda, um sistema de comunicação de emergência dos alertas para os moradores.

Por fim, os moradores devem ter conhecimento de como agir no caso de emissão dos alertas. Para tanto, as autoridades públicas responsáveis pela proteção e pela defesa civil precisam ministrar treinamentos e desenvolver campanhas educativas a fim de que o conhecimento seja divulgado e passe a fazer parte da vida dessas pessoas. Para que um alerta de desastre exista e funcione, muitas ações complexas devem ser realizadas, o que não configura, portanto, uma tarefa fácil.

Essa questão, se desenvolvida conforme descrito, pode possibilitar uma convivência com o risco. Assim, com essas medidas, não há como dizer que o risco de desastre foi completamente retirado da comunidade, mas que a comunidade tem um sistema resultante de estudos técnicos que possibilitam a convivência com o risco em um nível aceitável. Isso não significa que o desastre não vai ocorrer ou ceifar vidas, pois os métodos criados não são infalíveis, mas têm confiabilidade no universo de conhecimento científico disponível e podem, com o tempo, ser aperfeiçoados, aumentando cada vez mais sua assertividade.

Há, contudo, um método infalível de proteção dos moradores de áreas como a que utilizamos para nosso exemplo e que garante a sobrevida de todos diante de um movimento gravitacional de massa. Esse método consiste na **realocação** de toda a população da área de risco para uma área segura. Para evitar que tal ação sempre traumática de realocação seja necessária, a única alternativa completamente segura é anterior à ocupação de uma área insegura, que passa pelo desenvolvimento de políticas públicas e pela gestão urbana.

Assim, o administrador poderá se deparar com duas situações quanto às áreas consideradas inseguras, diante das quais algumas medidas devem ser adotadas. Vejamos:

1. **Ocupações já existentes em áreas inseguras** – Caso em que poderá se optar por relocar as populações dessas áreas para áreas seguras ou criar condições, se possível, de convivência com o risco.
2. **Potencial ocupação de áreas inseguras ainda não ocupadas** – Impedimento de ocupação por meio da adoção das medidas legais cabíveis e fiscalização constante dessas áreas. Uma medida bastante eficaz nas áreas inseguras ainda não ocupadas ou que tenham sido desocupadas, buscando desestimular sua ocupação, é a criação de espaços públicos como parques. Contudo, a fiscalização dessas áreas para que não sofram ocupações ilegais é fundamental.

O administrador público selecionado pelo prefeito, responsável pelas ações de proteção e defesa civil no município, tem uma tarefa nada fácil e de grande responsabilidade. Ele, por si só, não tem todos os instrumentos necessários na esfera municipal para realizar as tarefas já citadas. Contudo, a prefeitura municipal dispõe da maioria deles e, quando não conta com eles, sabe onde buscá-los, seja na esfera estadual, seja na federal. O gestor municipal deve atuar na identificação dos locais inseguros à ocupação humana em termos de desastres e, em parceria com técnicos, realizar o importante trabalho de estabelecer as ações que devem ser desenvolvidas em cada área identificada. Definidas as ações para cada área, o gestor municipal de proteção e defesa civil, com o necessário apoio do prefeito, deve atuar de maneira muito forte e determinada para integrar e articular todos os órgãos municipais que terão de atuar na implementação das ações resolutivas apontadas.

Ao identificar a inexistência local das competências ou dos recursos necessários, sendo eles imprescindíveis ao desenvolvimento das ações de proteção à população contra os desastres, os governos estadual e federal devem ser buscados, sempre lembrando que a União e os estados têm órgãos de governo responsáveis pelas ações de proteção e defesa civil e que devem estar sempre prontos a apoiar as iniciativas municipais de proteção e defesa civil.

2.2.2 Desastres tecnológicos

Para investigar como são causados os desastres de origem tecnológica, transcrevemos uma passagem do texto da IN n. 2/2016: "evento adverso tecnológico: desastre originado por condições tecnológicas decorrentes de falhas na infraestrutura ou nas atividades humanas específicas consideradas acima da normalidade, que podem implicar em perdas humanas, socioeconômicas e ambientais" (Brasil, 2016c).

Como podemos observar no conceito citado, os desastres tecnológicos pressupõem algumas condições específicas que lhes dão origem para ser assim considerados – a primeira possibilidade são falhas na infraestrutura. Consoante o *Dicionário Houaiss*, *infraestrutura* pode significar:

> **infraestrutura**
> **substantivo feminino**
> *1 suporte, ger. escondido ou invisível, que é base indispensável à edificação, à manutenção ou ao funcionamento de uma estrutura concreta ou abstrata, visível ou percebida racionalmente*
> *2 FIL no marxismo, o conjunto das relações econômicas de produção que, no decorrer da história humana, tem servido de base às diversas formas de pensamento e sentimento, e à organização jurídica, cultural ou política das sociedades (a superestrutura) cf.* **superestrutura** *(FIL)*
> *3 URB sistema de serviços públicos de uma cidade, como rede de esgotos, abastecimento de água, energia elétrica, coleta de águas pluviais, rede telefônica, gás canalizado.*
> (Infraestrutura, 2009, grifo do original)

Tratando-se de desastres, a *infraestrutura* referida no conceito do Ministério da Integração Nacional deve ser aquela que, apresentando falhas ou afetação, tenha potencial de dar origem a um desastre, ocasionando danos humanos, materiais ou ambientais. Assim, dos significados apresentados no *Dicionário Houaiss*, o primeiro entendimento é o que mais se conecta à possibilidade de geração de desastres, ou seja, a possibilidade de falha ou afetação no "suporte, ger. escondido ou invisível, que é base indispensável à edificação, à manutenção ou ao funcionamento de uma estrutura" (Infraestrutura, 2009). Um exemplo são os materiais utilizados na construção de um edifício, que podem apresentar inconformidades, como ferro sem a resistência mínima estabelecida em norma, o que por certo comprometerá a resistência do próprio edifício, podendo levar ao desabamento e causar danos humanos, materiais ou ambientais.

O conceito de desastre tecnológico abrange, ainda, as "falhas de atividades humanas específicas consideradas acima da normalidade" (Brasil, 2016c). Utilizando o mesmo exemplo de construção de uma edificação, a falha pode não estar nos materiais utilizados, mas na execução dos serviços, como o dimensionamento estrutural abaixo do mínimo necessário à carga que deve ser suportada, o que tem grande possibilidade de levar ao desabamento do edifício.

Nessa categoria de desastres, é possível facilmente identificar falhas humanas de julgamento ou de processos ou falhas estruturais, que podem estar ou não relacionadas com falhas humanas. Nos desastres de origem tecnológica, a ação humana torna-se primordial para identificação dos riscos e desenvolvimento de ações para neutralizá-los tanto nos processos de trabalho quanto em materiais e estruturas, nos quais devem ser aplicados modelos de identificação de desconformidades para identificá-las.

2.2.3 Desastres antrópicos

Os desastres de origem antrópica são aqueles decorrentes "de atividades humanas predatórias ou consideradas acima da normalidade, que podem implicar em perdas humanas, socioeconômicas e ambientais" (Brasil, 2016c). Essa categoria de desastres foi inserida na IN n. 2/2016, no Anexo VI, não figurando anteriormente em nenhuma outra publicação ou legislação da Sedec.

Podemos depreender desse conceito que os desastres de origem antrópica são resultantes, como o próprio nome já diz, da **ação humana**. Entretanto, nem toda ação humana que dê origem a um desastre pode ser considerada para que este seja enquadrado como de origem antrópica, somente as ações humanas **predatórias**. Não fosse essa distinção, ações humanas que podem gerar desastres tecnológicos também deveriam ser classificadas como antrópicas. Ademais, a nova Cobrade, anexa à IN n. 2/2016, não faz qualquer menção a essa nova categorização de desastres, levando-nos a concluir que seu entendimento ainda não estaria firmado por completo na Sedec.

De qualquer sorte, para sua prevenção ou mitigação, destacaríamos algumas importantes ações, como a implementação de estruturas de monitoramento e detecção dessas atividades, a fiscalização de situações que possam gerar essa categoria de desastres, a existência de penalidades a infratores da legislação que proíbe as atividades predatórias, a aplicação efetiva de tais penalidades, o aperfeiçoamento da legislação que trata da temática.

2.3 Classificações de desastres

As classificações constituem importante método de organização de informações, agrupando-as de acordo com categorias predefinidas, de modo a torná-las mais facilmente compreensíveis. A Sedec adota uma classificação de desastres que sofreu mudanças a partir de 2012. Até aquele ano, adotava a Codificação Brasileira de Desastres, Ameaças e Riscos (Codar), que trazia 153 tipos de desastres, divididos entre naturais, humanos e mistos. A partir de 2012, passou a adotar a Cobrade, que conta com 82 tipos de desastres divididos entre naturais, tecnológicos e antropogênicos, muito embora, com a edição da IN n. 2/2016, mesmo tendo havido a inserção do termo *antropogênico* ao conceito de desastre, a Sedec não promoveu qualquer alteração na Cobrade que acompanhava a IN. Portanto, não houve uma reclassificação dos desastres de modo a classificar algum já constante da Cobrade como de origem antropogênica, nem foi inserido algum tipo de desastre para ser classificado como antropogênico.

A mudança da Codar para a Cobrade fez que a nova codificação estivesse alinhada ao Banco de Dados Internacional de Desastres (EM-DAT), do Centro para Pesquisa sobre Epidemiologia de Desastres (Cred), da Organização Mundial da Saúde (OMS).

A seguir, realizaremos uma análise acerca da classificação dos desastres de acordo com a Cobrade em consonância com a IN n. 2/2016.

2.3.1 Quanto à intensidade

A intensidade do desastre diz respeito à sua capacidade destrutiva, medida nos danos e nos prejuízos resultantes do impacto do evento adverso causador do desastre sobre o cenário vulnerável. Não se leva em conta a maior ou a menor capacidade de resistência do cenário receptor contra o potencial destrutivo do evento adverso, apenas os efeitos causados pelo fenômeno, obtendo-se uma mensuração que estabelece os níveis de afetação, o que, por fim, traz como resultado a classificação do desastre em três níveis de intensidade:

1. **Nível I: desastres de pequena intensidade** – São "aqueles em que há somente danos humanos consideráveis e que a situação de normalidade pode ser restabelecida

com os recursos mobilizados em nível local ou complementados com o aporte de recursos estaduais e federais" (Brasil, 2016c).
2. Nível II: **desastres de média intensidade** – São "aqueles em que os danos e prejuízos são suportáveis e superáveis pelos governos locais e a situação de normalidade pode ser restabelecida com os recursos mobilizados em nível local ou complementados com o aporte de recursos estaduais e federais" (Brasil, 2016c).
3. Nível III: **desastres de grande intensidade** – São "aqueles em que os danos e prejuízos não são superáveis e suportáveis pelos governos locais e o restabelecimento da situação de normalidade depende da mobilização e da ação coordenada das três esferas de atuação do Sistema Nacional de Proteção e Defesa Civil (SINPDEC) e, em alguns casos, de ajuda internacional" (Brasil, 2016c).

A classificação quanto à intensidade atende a critérios relacionados à "necessidade de recursos para o restabelecimento da situação de normalidade e a disponibilidade desses recursos na área afetada pelo desastre e nos demais níveis do Sistema Nacional de Proteção e Defesa Civil" (Castro, 1999, p. 6). Tanto os desastres de nível I quanto os de nível II possibilitam a decretação de **situação de emergência**. Já os desastres de nível III são aqueles que indicam a decretação de **estado de calamidade pública**.

Nesse contexto, os termos *danos* e *prejuízos* (ocasionados pelos desastres) são importantes nos conceitos apresentados pela IN n. 2/2016, considerando a quantidade de danos e de prejuízos gerados em relação à capacidade local de seu enfrentamento, isto é, a capacidade do município em recuperar-se dessas avarias. O município pode ter condições de se recuperar sozinho dos estragos e dos prejuízos deixados pelo desastre, mas talvez tenha de contar com o apoio suplementar dos governos estadual e federal. Isso não significa que o administrador municipal, ao imaginar que necessitará de apoio suplementar, estará apto a decretar situação de emergência ou estado de calamidade pública. A necessidade deverá ser comprovada pelo gestor municipal de proteção e defesa civil, demonstrando o desequilíbrio insuperável da relação entre a necessidade de recursos para o restabelecimento da normalidade e a disponibilidade local desses recursos para o emprego na área afetada.

A IN n. 2/2016 indica elementos necessários para que se possa caracterizar o nível de intensidade dos desastres baseados em duas informações essenciais: 1) disponibilidade local ou não de recursos para recuperação, expressa em capacidade de suportar e superar os danos e os prejuízos originados pelo desastre, o que implica necessidade ou não de complemento dos recursos com o aporte estadual e federal; e 2) tipos de danos ocorridos.

Para melhor entendimento, desmembramos em partes menores os arts. 2º a 4º da IN n. 2/2006, os quais estabelecem os critérios para classificação dos desastres. Vejamos:

1. **Nível I:**

    1.1 há a necessidade apenas da ocorrência de danos humanos consideráveis;

    1.2 o restabelecimento da situação de normalidade pode ocorrer com recursos mobilizados em nível local ou complementados com recursos estaduais e federais (Brasil, 2016c).

2. **Nível II:**

    2.1 deve haver ao menos dois danos, devendo um deles, obrigatoriamente, ser dano humano que importe prejuízo econômico público ou privado, que afete a capacidade de o Poder Público local responder e gerenciar a crise;

2.2 os danos e prejuízos são suportáveis e superáveis pelos governos locais;

2.3 o restabelecimento da situação de normalidade pode acontecer com recursos mobilizados em nível local ou complementados com recursos estaduais e federais (Brasil, 2016c).

3. **Nível III:**

3.1 deve haver ocorrência concomitante de óbitos, isolamento de população, interrupção de serviços essenciais, interdição ou destruição de unidades habitacionais, danificação ou destruição de instalações públicas prestadoras de serviços essenciais e obras de infraestrutura pública;

3.2 os governos locais não conseguem superar os danos e prejuízos, e o restabelecimento da situação de normalidade requer ações coordenadas pelas três esferas de atuação do Sinpdec e, em alguns casos, de auxílio internacional (Brasil, 2016c).

Nos desastres de nível I, em que há a necessidade de ocorrência de danos humanos consideráveis para sua caracterização, a normativa não define o que exatamente significa o termo *consideráveis* nem estabelece qualquer índice que possa indicar ao administrador um norte para sua definição. A mesma observação cabe para os desastres de nível II, quando a IN n. 2/2016 afirma que são necessários "danos humanos que importem no prejuízo econômico público ou no prejuízo econômico privado que afetem a capacidade do poder público local em responder e gerenciar a crise instalada" (Brasil, 2016c), e a norma não estabelece critérios objetivos que possam indicar a exata medida do significado da explicação: "que afetem a capacidade do poder público local em responder e gerenciar a crise".

A **afetação da capacidade local** de responder e gerenciar o desastre deveria apresentar um mínimo mensurável, uma vez que, em conformidade ao texto da IN, qualquer afetação, por menor que fosse, já preencheria esse critério, o que não seria seguro, visto que influências políticas poderiam ser determinantes para que os governos estaduais e federal acabassem considerando que mesmo uma insignificante afetação das capacidade de resposta e de gerenciamento fossem suficientes para declarar situação de emergência. Isso criaria um cenário jurídico especial, que perigosamente abriria as portas para o administrador realizar, por exemplo, aquisições emergenciais com dispensa de licitação.

O desastre de nível III traz o melhor indicativo entre os três níveis, com parâmetros para identificação de um desastre enquadrável nesse nível específico, muito embora exija a ocorrência concomitante de vários tipos distintos de danos, o que pode gerar dúvidas quanto à necessidade de que todos esses danos se façam presentes para que um desastre seja considerado como de nível III ou se apenas alguns deles são realmente necessários. Contudo, se apenas alguns deles pudessem ser considerados, quais seriam as combinações que determinariam a classificação do desastre no nível III?

Acreditamos que um desastre pode configurar estado de calamidade pública mesmo sem haver o necessário registro de mortos, uma vez que os danos à infraestrutura pública e os danos econômicos privados podem ser tão grandes que o município necessitaria, indubitavelmente, de aporte de recursos estaduais e federais para uma mínima recuperação. Portanto, o fato real demonstra algo que a norma não foi capaz de estabelecer, criando dificuldades aos operadores de proteção e defesa civil, pois a determinação de um desastre como de nível I, II ou III fica, em demasia, na dependência da interpretação dos analistas da Sedec, o que dá ensejo a uma insegurança jurídica e técnica em todas as esferas operativas do Sinpdec.

2.3.2 Quanto à evolução

Os desastres apresentam diferentes formas de desenvolvimento a partir do momento em que se iniciam, variando a velocidade com que se propagam e até mesmo o potencial para causar danos, em razão da energia que o evento adverso traz em si e que incide sobre o corpo receptor. A evolução dos desastres os classifica de acordo com essa velocidade de evolução a partir de seu início.

■ Desastres graduais ou de evolução crônica
Os desastres graduais ou de evolução crônica caracterizam-se pela evolução em etapas de agravamento progressivo de velocidade lenta. Esse tipo de desastre, desde o momento em que se inicia, evolui de maneira uniforme e constante, agravando-se em etapas vagarosas, possíveis de ser facilmente identificadas ou visualizadas, a exemplo das secas, das estiagens, das erosões e dos alagamentos.

Figura 2.1 – Desastre gradual: alagamento

Essa identificação possibilita seu acompanhamento e propicia melhores condições para o planejamento e o desenvolvimento de ações de resposta.

Figura 2.2 – Desastre gradual: seca

Entretanto, muitas vezes, não é possível determinar o exato momento em que se iniciam os desastres graduais, como no caso das secas.

▍ Desastres súbitos ou de evolução aguda

Desastres súbitos ou de evolução aguda são aqueles "que se caracterizam pela velocidade com que o processo evolui e pela violência dos eventos adversos causadores desses desastres" (UFSC, 2014, p. 79), em que grande quantidade de energia é descarregada sobre o sistema receptor. Os desastres súbitos podem ocorrer de forma inesperada, surpreendendo o sistema ou o cenário receptor, deixando pouca ou nenhuma margem de tempo para planejamento e atuação coordenada de resposta.

Esses desastres podem ainda "ter características cíclicas e sazonais, sendo assim facilmente previsíveis" (UFSC, 2014, p. 79), uma vez que acontecem rotineiramente, a exemplo das chuvas intensas que caem sobre as regiões Sul, Sudeste e Centro-Oeste na época de transição da primavera para o verão. Contudo, mesmo sendo eventualmente sazonais, a violência com que acontecem não diminui, apenas proporciona melhores oportunidades de planejamento para as ações de resposta e de recuperação.

Figura 2.3 – Desastre súbito: deslizamento

Figura 2.4 – Desastre súbito: enxurrada

    Podemos citar como exemplos dos desastres súbitos ou de evolução aguda os deslizamentos, as enxurradas, os vendavais, os terremotos, as erupções vulcânicas e as precipitações de granizo.

> Questão para reflexão
>
> 1) Desastres súbitos acontecem de maneira rápida e inesperada, mas é possível monitorar os eventos adversos causadores quando se trata de desastres de origem natural. De que maneira e por quem poderiam esses eventos adversos causadores dos desastres naturais ser monitorados, buscando antevê-los a fim de que sejam produzidos alertas de desastres às populações em risco?

2.3.3 Quanto à origem

Os desastres têm sua classificação quanto à origem vinculada justamente ao evento adverso causador dos desastres, ou seja, à causa primária do agente causador. No conceito de desastre atualmente adotado pela legislação do Sinpdec, está presente a classificação quanto à origem: "resultado de eventos adversos, naturais, tecnológicos ou de origem antrópica, sobre um cenário vulnerável exposto a ameaça, causando danos humanos, materiais ou ambientais e consequentes prejuízos econômicos e sociais" (Brasil, 2016c).

Como visto, os desastres são naturais, tecnológicos ou antrópicos não em virtude da resultante entre o evento adverso e a vulnerabilidade do cenário receptor deste, mas sim em razão do evento causador, do evento adverso ou do evento que funcionou como motor inicial para mover o conjunto composto por muitas partes, inclusive pela vulnerabilidade do cenário receptor.

Esse motor é considerado elemento fundamental e determinante para afirmar se um desastre é natural, tecnológico ou antrópico.

Figura 2.5 – Desastre natural: inundação

Figura 2.6 – Desastre tecnológico: naufrágio

Figura 2.7 – Desastre antrópico: incêndio florestal

Não nos aprofundaremos na análise da origem dos desastres neste momento, uma vez que já o fizemos na seção que trata das causas dos desastres. Sugerimos a respectiva releitura para fixar ainda mais o conhecimento a respeito do tema.

Por ora, apresentaremos os conceitos trazidos pelo Centro Universitário de Estudos e Pesquisas sobre Desastres (Ceped) da Universidade Federal de Santa Catarina (UFSC):

> *São desastres naturais os causados por processos ou fenômenos naturais que podem implicar em perdas humanas ou outros impactos à saúde; danos ao meio ambiente, à propriedade; interrupção dos serviços e distúrbios sociais e econômicos.*
>
> *São desastres tecnológicos aqueles originados de condições tecnológicas ou industriais, incluindo acidentes, procedimentos perigosos, falhas na infraestrutura ou atividades humanas específicas, que podem implicar em perdas humanas ou outros impactos à saúde, danos ao*

meio ambiente, à propriedade, interrupção dos serviços e distúrbios sociais e econômicos.
Seguem alguns exemplos:
Desastres de origem natural: deslizamentos, inundações, enxurradas devido a fortes chuvas; vendavais; seca e estiagem; erosão marinha; terremotos; entre outros.
Desastres de origem tecnológica: acidentes nucleares; acidentes com produtos perigosos; rompimento de represa; explosões; entre outros. (UFSC, 2014, p. 81-82)

A designação *desastres de origem antrópica* surgiu somente no ano de 2016, mais especificamente com o advento da IN n. 2/2016, que, em seu Anexo VI, conceitua: "desastre decorrente de atividades humanas predatórias ou consideradas acima da normalidade, que podem implicar em perdas humanas, socioeconômicas e ambientais" (Brasil, 2016c).

2.3.4 Quanto à periodicidade

Desastres podem acontecer a qualquer momento e as características temporais possibilitam sua classificação de acordo com o tempo em que ocorrem. Essa é uma afirmação verdadeira e atual.

Quanto à periodicidade, os desastres são classificados em:

» **Desastres esporádicos** – Ocorrem de forma a não ser possível determinar qualquer relação temporal de seu acontecimento, havendo possibilidade limitada de previsão, como terremotos, erupções vulcânicas e desastres tecnológicos.

Figura 2.8 – Desastre esporádico: erupção do vulcão Krakatoa, Indonésia

» **Desastres cíclicos ou sazonais** – Sua ocorrência apresenta uma periodicidade, guardando estreita relação com as estações do ano e com os fenômenos associados. Por essa razão, verifica-se melhor possibilidade de previsão, o que reflete melhores condições de planejamento e de direcionamento de recursos. Como exemplo citamos as inundações, que anualmente ocorrem combinadas com os períodos de incremento das precipitações pluviométricas, e estas, por sua vez, acontecem em muitas regiões do Brasil na época de transição entre a primavera e o verão.

Figura 2.9 – Desastre sazonal: vendaval

Figura 2.10 – Desastre sazonal: temporada de furacões nos Estados Unidos

Para uma melhor visualização dos tipos de desastres, analisaremos o Quadro 2.1 a seguir, que apresenta um resumo de suas classificações.

Quadro 2.1 – Quadro-resumo das classificações dos desastres

Classificação dos desastres	
Origem	Naturais Tecnológicos Antrópicos
Periodicidade	Esporádicos Cíclicos ou sazonais
Evolução	Desastres súbitos ou de evolução aguda Desastres graduais ou de evolução crônica
Intensidade	Nível I – desastres de pequena intensidade Nível II – desastres de média intensidade Nível III – desastres de grande intensidade

Fonte: Elaborado com base em Brasil, 2016c; UFSC, 2014.

A classificação dos desastres de acordo com o Sinpdec deve ser conhecida para que haja a compreensão das normas e das demais publicações desse sistema nacional.

2.4 Classificação e Codificação Brasileira de Desastres

A Cobrade está prevista na IN n. 2/2016 como anexo dessa normativa. Tal classificação foi criada em 2012, por ocasião da versão anterior da IN – a IN n. 1, de 24 de agosto de 2012 (Brasil, 2012b). Na oportunidade, a Codar foi revogada pela referida IN, que diminuiu o número de tipos de desastres de 153 para 82. A Sedec procurou se adequar ao EM-DAT do Cred da OMS e o Brasil passou a enquadrar internacionalmente sua classificação de desastres.

Muitos técnicos em proteção e defesa civil criticam a substituição da Codar pela Cobrade, visto que a Codar trazia três grandes grupos de desastres: naturais, humanos e mistos.

A Cobrade, além de diminuir a quantidade de desastres previstos, diminuiu os três grandes grupos anteriores para dois: naturais e tecnológicos. Os tipos de desastres ligados aos de origem mista da Codar foram trazidos para os de origem tecnológica na Cobrade.

Apenas para conhecimento, os desastres mistos referiam-se àqueles que "ocorrem quando as ações ou omissões humanas contribuem para intensificar, complicar e/ou agravar desastres naturais. Caracterizam-se, também, por intercorrências de fenômenos adversos naturais que atuam sobre condições ambientais degradadas pelo homem, provocando desastres" (Castro, 2007, p. 58). Em suma, os desastres mistos seriam uma espécie de "parceria" entre desastres naturais e humanos, de maneira que os naturais seriam potencializados pela ação humana ou, então, a degradação do meio ambiente causada pela ação humana seria potencializada por eventos adversos naturais.

A Cobrade, editada com a IN n. 2/2016, trouxe o conceito referente a uma nova categoria de desastres, que são os **antrópicos**: "desastre decorrente de atividades humanas predatórias ou consideradas acima da normalidade, que podem implicar em perdas humanas, socioeconômicas e ambientais" (Brasil, 2016c). Mesmo com o surgimento do conceito dos desastres antrópicos, o rol de desastres relativos a essa categoria não foi inserido na Cobrade com a IN n. 2/2016, permanecendo a organização da codificação exatamente a mesma da IN n. 1/2012 (Brasil, 2012b), ou seja, os tipos de desastres continuaram com a antiga classificação.

Esse novo conceito ainda não tem uma interpretação oficial por parte da Sedec, com vistas a externar o entendimento do que seriam exatamente as referidas "atividades humanas predatórias ou consideradas acima da normalidade". Imagina-se, entretanto, alguma relação deletéria do homem com o meio ambiente, como no caso de incêndios florestais provocados ou de retirada da cobertura vegetal de uma encosta. Tanto uma quanto outra ação humana ou antrópica poderiam ser consideradas predatórias ao meio ambiente – a primeira causando de pronto um desastre e a segunda criando condições para que, com a incidência de chuvas intensas, deslizamentos ocorressem. Contudo, são apenas conjecturas até que o órgão central do Sinpdec defina o texto e quais desastres devem ser classificados como antrópicos.

Não obstante as observações apontadas, uma classificação oficial dos desastres é de fundamental importância para padronizar o registro das ocorrências, facilitando a identificação e a respectiva caracterização. No Brasil, a classificação de um desastre é utilizada justamente para sua caracterização, sendo inserida por ocasião do preenchimento do formulário de informações do desastre (Fide), que será tema de uma seção específica deste livro.

Síntese

As organizações de proteção e defesa civil têm o direcionamento de seu trabalho orientado para uma temática bastante específica: os desastres. Da mesma maneira que a expressão *proteção e defesa civil* tem uma compreensão popular e outra técnica, o vocábulo *desastres* passa pela mesma situação. Analisamos o significado dos desastres com ênfase aos aspectos técnicos, apontando algumas de suas causas e abordando possibilidades de sua atenuação e, até mesmo, eliminação.

Por fim, verificamos que os desastres apresentam várias classificações, que viabilizam uma melhor compreensão de características que os levam a ser agrupados segundo essas mesmas características, havendo, no Brasil, um formato estabelecido para sua classificação e sua codificação, a Cobrade, utilizada nacionalmente pelas organizações de proteção e defesa civil.

Para saber mais

Acesse o *link* indicado a seguir e confira o quadro da Cobrade (Anexo V da IN n. 2/2016), que elenca os tipos de desastres e seu agrupamento segundo a origem, o grupo e o subgrupo. Ainda, a Cobrade traz a definição para cada tipo de desastre, que constitui importante elemento para a compreensão do significado técnico e institucionalizado de cada tipo de desastre.

BRASIL. Ministério da Integração Nacional. Instrução Normativa n. 2, de 20 de dezembro de 2016. Anexo V. **Diário Oficial da União**, Brasília, DF, 22 dez. 2016. Disponível em: <http://www.mi.gov.br/documents/3958478/0/Anexo+V+-+Cobrade_com+simbologia.pdf/d7d8bb0b-07f3-4572-a6ca-738daa95feb0>. Acesso em: 9 jun. 2018.

Questões para revisão

1) Com suas palavras, conceitue *desastre* aproximando-se o máximo possível da definição apresentada pela Instrução Normativa n. 2/2016 do Ministério da Integração Nacional.

2) As áreas consideradas inseguras podem ou não já estar ocupadas. Com relação a essas duas possibilidades, discorra brevemente acerca das medidas possíveis de implementação visando eliminar ou reduzir o risco de desastres nesses locais.

3) Desastres tecnológicos são aqueles originados de:
   a. condições tecnológicas decorrentes unicamente de falhas na infraestrutura específica considerada acima da normalidade.
   b. condições tecnológicas decorrentes unicamente de falhas nas atividades humanas e em estruturas específicas consideradas acima da normalidade.
   c. condições humanas e tecnológicas que resultam em falhas na infraestrutura considerada acima da normalidade.
   d. condições tecnológicas decorrentes de falhas na infraestrutura ou nas atividades humanas específicas consideradas acima da normalidade.

4) Quanto à origem, os desastres podem ser classificados em:
   a. naturais, humanos e mistos.
   b. naturais, tecnológicos e antrópicos.
   c. tecnológicos, humanos e mistos.
   d. desastres de origem antrópica.

5) A sigla *Cobrade* significa:
   a. Código Brasileiro de Desastres.
   b. Classificação e Código Brasileiro de Riscos e Desastres.
   c. Código Brasileiro de Defesa Civil.
   d. Classificação e Codificação Brasileira de Desastres.

III

O registro do formulário de informações do desastre

Conteúdos do capítulo:

» Formulário de informações do desastre (Fide).
» Notificação preliminar de desastre (Nopred) e formulário de avaliação de danos (Avadan).
» Conteúdo do Fide.
» Danos e prejuízos.

Após o estudo deste capítulo, você será capaz de:

1. discorrer sobre o atual método oficial brasileiro de registro de desastres;
2. identificar as informações necessárias para o preenchimento do Fide;
3. diferenciar danos de prejuízos;
4. elencar as subdivisões dos danos e dos prejuízos;
5. compreender a vital necessidade de o levantamento de danos e prejuízos ser corretamente realizado em campo.

O Sistema Nacional de Proteção e Defesa Civil (Sinpdec) necessita de informações dos desastres que ocorrem nos municípios brasileiros e, para tanto, o registro do que aconteceu em cada desastre é ponto-chave, pois permite uma série de ações posteriores à sua ocorrência, visando à continuidade das ações de resposta, bem como o embasamento inicial das ações de reconstrução. O formulário de informações do desastre (Fide) é o documento inicial de registro do desastre, base das informações coletadas, que servirá como fundamento para todos os demais atos dos processos de decretação de situação de emergência e estado de calamidade pública, assim como de homologação estadual e reconhecimento federal de situações anormais.

O Fide está disponível no *site* do Ministério da Integração Nacional, no endereço eletrônico: <https://s2id.mi.gov.br/paginas/registros/registro.xhtml>. Porém, o acesso ao Fide é restrito, senão vejamos:

> *Acesso ao Ente Federado Município/Estado: área destinada aos Municípios, Estados e Distrito Federal para preenchimento dos formulários de registro da ocorrência e/ou para solicitar a homologação, o reconhecimento federal de Situação de Emergência ou o Estado de Calamidade Pública, assim como os recursos destinados a ações de resposta [...].* (UFSC, 2015, p. 29)

Anteriormente à criação do Fide, outros formulários eram adotados pelo Sinpdec: a notificação preliminar de desastre (Nopred) e o formulário de avaliação de danos (Avadan). Neste último, todos os danos e prejuízos advindos do desastre eram registrados e avaliados. Na época de sua vigência, afirmava-se que, para o levantamento dos danos em campo, era importante que uma equipe especializada o fizesse – a Equipe Avadan. Seus integrantes deveriam ser técnicos com conhecimento do que exatamente era necessário de ser buscado no cenário do desastre, de forma organizada, de acordo com o que o Avadan requeria.

Atualmente, a demanda por informações necessárias ao preenchimento do Fide continua a mesma da época do Avadan, o que indica o cabimento e até a necessidade de composição de uma equipe bem preparada e ciente dos dados que devem ser levantados no cenário do desastre, conhecedora dos métodos mais indicados para realizar esses levantamentos e de todo o território do município. Isso traz economia de tempo ao município, que dispõe de 15 dias a partir da data do desastre (sendo ele súbito) e de 20 dias a partir do decreto de situação anormal (sendo ele gradual) para envio de todos os documentos necessários à Sinpdec, com vistas ao reconhecimento federal da situação anormal. Assim, o tempo gasto no cenário do desastre em busca de informações a serem lançadas no Fide costuma ser alto, o que pode comprometer o prazo-limite para apresentação à Secretaria de Estado de Defesa Civil (Sedec) da documentação necessária ao reconhecimento federal da situação anormal e que, em caso de extrapolação, frustrará o pretendido reconhecimento.

> *O [...] FIDE [...] deverá conter as seguintes informações necessárias à caracterização do desastre:*
> » *nome do Município;*
> » *população do Município afetado pelo desastre, segundo o último censo do IBGE;*
> » *Produto Interno Bruto (PIB) do Município;*
> » *valor anual do orçamento municipal aprovado em lei e valor anual e mensal da receita corrente líquida;*
> » *tipo do desastre, de acordo com a Codificação Brasileira de Desastres (COBRADE) [...];*

» data do desastre;
» descrição da(s) área(s) afetada(s), acompanhada de mapa ou croqui ilustrativo;
» descrição das causas e dos efeitos do desastre;
» estimativa de danos humanos, materiais, ambientais, prejuízos econômicos e serviços essenciais interrompidos;
» outras informações disponíveis acerca do desastre e seus efeitos;
» dados da instituição informante. (UFSC, 2014, p. 139)

Quando da abordagem sobre o conceito de desastres, constatamos que eles acarretam danos e prejuízos, ou seja, o cenário que apresentava vulnerabilidade à incidência do evento adverso sofre afetação, fazendo com que haja o surgimento de avarias. Reiteramos: *desastre* é o "resultado de eventos adversos, naturais, tecnológicos ou de origem antrópica, sobre um cenário vulnerável exposto a ameaça, causando danos humanos, materiais ou ambientais e consequentes prejuízos econômicos e sociais" (Brasil, 2016c).

Após a realização do levantamento dos danos e dos prejuízos, é hora de inserir as informações no Fide. Os danos e os prejuízos ocasionados pelo desastre, ou, melhor dizendo, pelo evento adverso que incidiu sobre o cenário vulnerável, servirão como base para que o chefe do Executivo municipal, estadual ou do Distrito Federal possa ou não decretar situação de emergência ou estado de calamidade pública nos termos da legislação nacional, especialmente da Instrução Normativa (IN) n. 2, de 22 de dezembro de 2016, do Ministério da Integração Nacional (Brasil, 2016c), já que, segundo o documento do curso *Capacitação básica em proteção e defesa civil*: "O preenchimento do Formulário de Informações do Desastre (FIDE) deverá conter informações necessárias para a caracterização do desastre, incluindo a estimativa de danos humanos, materiais, ambientais, prejuízos econômicos e os serviços essenciais afetados" (UFSC, 2014, p. 88).

Os danos e os prejuízos decorrentes do desastre devem ser enfrentados com ações de resposta e de recuperação, pois são eles que determinam quais ações de enfrentamento devem ser desenvolvidas e em que medida devem ser operacionalizadas para que o desastre seja na menor medida deletério às famílias por ele atingidas. Isso equivale a dizer o quanto de recursos deverá ser empregado para que as famílias sofram o menos possível e, para isso, o dimensionamento do desastre torna-se ponto-chave, o que é feito por intermédio da contabilização e da avaliação dos danos e dos prejuízos ocorridos.

Passaremos a detalhar melhor essas duas categorias essenciais de afetações ocasionadas pelos desastres, uma vez que seu correto entendimento é importante para que as pessoas designadas a realizar os levantamentos em campo efetivamente saibam o que deve ser buscado, a fim de que não sejam concentrados esforços em situações que não figuram como foco das ações de resposta e de recuperação.

3.1 Danos

O Anexo VI da IN n. 2/2016 afirma que *dano* é o "resultado das perdas humanas, materiais ou ambientais infligidas às pessoas, comunidades, instituições, instalações e aos ecossistemas, como consequência de um desastre" (Brasil, 2016c). No que se refere à proteção e defesa civil, de um modo bem genérico, o termo *dano* tem significado referente àquilo que foi danificado ou destruído pelo desastre.

Os danos são expressos em quantidade e sua contabilização é realizada definindo-se quantas unidades de determinado bem sofreram danos em razão do desastre. No momento de contabilização dos danos, não nos referimos a valor econômico.

Como encontrado no conceito previsto pela IN n. 2/2016, os danos podem ser de três categorias distintas: humanos, materiais e ambientais. No Fide, correspondem ao preenchimento do campo de número 6, que traz a subdivisão conforme citado.

3.1.1 Danos humanos

Os danos humanos referem-se a danos causados às pessoas relativos à vida e à incolumidade física ou quanto à necessidade de abandono de residências, não importando se essa necessidade é temporária ou não. Essa categoria de danos é dimensionada em função do tipo de dano humano e da quantidade de pessoas atingidas que se enquadram nos tipos de danos enumerados no item 6.1 do Fide, ou seja, que o Sinpdec julgou importantes e necessários de serem contabilizados.

> *Item 6.1 –* **Danos Humanos** *– informe a quantidade de pessoas vitimadas em consequência do desastre, discriminando:*
> » *Mortas – pessoas falecidas;*
> » *Feridos – pessoas feridas que necessitam ou não de hospitalização;*
> » *Enfermos – pessoas que desenvolveram enfermidades em consequência do desastre;*
> » *Desabrigados – pessoas desalojadas que necessitam de abrigo público temporário;*

> » *Desalojados – pessoas cujas habitações foram danificadas ou destruídas, mas que, necessariamente, não precisam de abrigo público temporário;*
> » *Desaparecidos – pessoas não localizadas ou de destino desconhecido; e*
> » *Outros afetados – pessoas diretamente afetadas pelo desastre, de alguma outra forma, as quais devem ser descritas no campo Descrição dos Danos Humanos.* (UFSC, 2015, p. 47-48, grifo do oiginal)

Os tipos possíveis de danos humanos são mortos, feridos, enfermos, desabrigados, desalojados, desaparecidos, entre outros. Para entendimento do significado desses tipos de danos humanos, devemos considerar:

> » **Desabrigados**: *são as pessoas cujas habitações foram destruídas ou danificadas por desastres, ou estão localizadas em áreas com risco iminente de destruição, e que necessitam de abrigos temporários para serem alojadas.*
> » **Desalojados**: *são as pessoas cujas habitações foram danificadas ou destruídas, mas que não, necessariamente, precisam de abrigos temporários. Muitas famílias buscam hospedar-se na casa de amigos ou parentes, reduzindo a demanda por abrigos em situação de desastre.*
> » **Desaparecidos**: *até provar o contrário, são considerados vivos, porém podem ser considerados desaparecidos quando estão em situação de risco de morte iminente e em locais inseguros e perigosos, demandando esforço de busca e salvamento para serem encontrados e resgatados com o máximo de urgência.* (UFSC, 2014, p. 89)

O Fide traz o campo "Outros", no qual é possível contabilizar todos os demais danos humanos cuja inclusão não é cabível nas categorias anteriores, como o número de pessoas sem abastecimento de água potável por determinado período. Há um campo específico para a descrição dos danos humanos ocorridos, cujo preenchimento também é muito importante. O responsável pelo preenchimento do Fide deve procurar explicitar detalhes a respeito dos danos humanos contabilizados, principalmente se foi realizado lançamento de dados no campo "Outros", que deve ser encarado como a possibilidade de fazer que o analista da Sinpdec possa "enxergar" a situação por meio da leitura da descrição apresentada.

3.1.2 Danos materiais

Os danos materiais devem ser lançados no item 6.2 do Fide, que corresponde aos bens imóveis e às instalações que foram danificadas ou destruídas em decorrência de um desastre, como instalações públicas de saúde, de ensino, de prestação de outros serviços e de uso comunitário, unidades habitacionais e obras de infraestrutura pública.

> No item 6.2 – **Danos Materiais** – informe a quantidade de edificações danificadas ou destruídas pelo desastre, discriminando:
> » Unidades habitacionais – casas, edifícios e demais unidades habitacionais.
> » Instalações públicas de saúde – hospitais, postos de saúde, centros médicos e outros.
> » Instalações públicas de ensino – creches, escolas, colégios, faculdades e outros.
> » Instalações públicas prestadoras de outros serviços – prefeitura, postos de atendimento ao público e outros.

> » *Instalações públicas de uso comunitário – centros de convivência e outras.*
> » *Obras de infraestrutura pública – Sistema viário (estradas e rodovias).*
> » *Obras de arte (pontes, pontilhões, viadutos e outros).*
> » *Sistema de abastecimento de água (dutos), Sistema de energia (postes e transformadores), Sistema de drenagem (bueiros, canaletas, etc.).* (UFSC, 2015, p. 49, grifo do original)

Há também um campo para que os danos materiais possam ser descritos, e seu preenchimento é importante para que o analista da Sinpdec tenha condições de melhor compreender os danos materiais que ocorreram no ente federado que abriu o Fide. Nesse mesmo campo, outros danos materiais que não se enquadrem nos itens previamente listados podem e devem ser descritos, com vistas a demonstrar a magnitude do desastre. No campo destinado aos danos materiais, há, ainda, uma coluna na qual devem ser lançados os valores desses danos, sendo tal informação, de igual maneira, muito importante para o dimensionamento da afetação ocorrida. O valor é referente ao custo do dano ocorrido, seja pela danificação, seja pela destruição do bem, devendo ser expressa a quantidade de recursos financeiros necessários para sua total recuperação.

3.1.3 Danos ambientais

O item 6.3 do Fide é destinado à inserção dos danos ambientais ocorridos. O Fide, inicialmente, traz um rol de tipos de danos ambientais, com potencial prejudicial à saúde ou ao abastecimento da população, como contaminação da água, do solo e do ar, diminuição ou exaurimento sazonal e temporário da água e incêndio em parques, áreas de preservação ambiental (APA) ou áreas de preservação permanente (APP).

> Dentro do item – 6.3 – **Danos Ambientais** – os danos ambientais dizem respeito ao processo de degradação da natureza, que pode ser reversível ou irreversível. Informe se o município apresentou os seguintes danos ambientais:
> » Poluição ou contaminação da água – reservas de água de superfície ou de subsuperfície;
> » Poluição ou contaminação do ar;
> » Poluição ou contaminação do solo;
> » Diminuição ou exaurimento hídrico; e
> » Incêndios em parques, APAs ou APPs. (UFSC, 2015, p. 51, grifo do original)

Os subitens relativos à contaminação da água, do solo, do ar e à diminuição ou ao exaurimento sazonal e temporário da água trazem como unidade de medida o número de pessoas afetadas por esses danos ambientais. Já o campo referente ao incêndio em parques, APA ou APP traz como unidade de medida a área queimada.

Por fim, também encontramos o campo destinado ao descritivo dos danos ambientais, no qual devem ser descritos os danos preenchidos nos campos anteriores e inseridos outros danos ambientais que tenham ocorrido em razão do desastre, mas que não se enquadraram nos campos preestabelecidos.

3.2 Prejuízos

A IN n. 2/2016 traz, em seu Anexo VI, o entendimento adotado pelo Sinpdec acerca do significado do termo *prejuízo*: "medida de perda relacionada com o valor econômico, social e patrimonial de um determinado bem, em circunstâncias de desastre" (Brasil, 2016c). Para a proteção e defesa civil, os prejuízos são subdivididos em prejuízos econômicos públicos e privados.

3.2.1 Prejuízos econômicos públicos

Os prejuízos econômicos públicos devem ser inseridos no item 7.1 do Fide e se referem aos seguintes serviços essenciais públicos prejudicados ou interrompidos.

Como não poderia deixar de ser, há um campo destinado ao descritivo dos prejuízos, que deve ser bem preenchido para que os analistas da Sinpdec tenham condições de visualizar e entender o que ocorreu no ente federado.

*No item 7.1 – **Prejuízos Econômicos Públicos** – registrar os serviços essenciais que foram prejudicados ou interrompidos pelo desastre, informando a quantidade e a unidade de referência e estimar o valor em reais, relacionados às ações que deverão ser realizadas em função do colapso dos serviços essenciais, referentes aos prejuízos causados ao poder público para o restabelecimento e recuperação dos sistemas prestadores dos seguintes serviços:*
- » *assistência médica e saúde pública;*
- » *abastecimento de água potável;*
- » *sistema de captação de águas pluviais e sistema de coleta de esgotos sanitários;*
- » *sistema de limpeza urbana e de recolhimento e destinação de lixo;*
- » *sistema de desinfestação/ desinfecção do habitat/ de controle de pragas e vetores;*
- » *geração e distribuição de energia elétrica;*
- » *telecomunicações;*

> » *transportes locais, regionais e de longo curso;*
> » *distribuição de combustíveis, especialmente os de uso doméstico;*
> » *segurança pública; e*
> » *ensino.* (UFSC, 2015, p. 52, grifo do original)

3.2.2 Prejuízos econômicos privados

Os prejuízos econômicos privados devem ser inseridos no item 7.2 do Fide e se referem aos prejuízos, como o próprio nome já diz, que ocorreram em segmentos privados da economia em virtude do desastre. Note que os itens enumerados pelo Fide dizem respeito justamente a setores da economia, e não aos prejuízos privados ocorridos, por exemplo, em virtude da destruição de residências. Danos residenciais são contabilizados no item 6.2 do Fide, que trata dos danos materiais, devendo, além da quantificação do número de residências, ser estabelecido o valor para sua recuperação ou reconstrução.

> *No item 7.2 –* **Prejuízos Econômicos Privados** *– registrar os prejuízos econômicos, discriminando a quantidade, a unidade de referência e o valor em R$ do prejuízo correspondente, discriminando:*
> » *agricultura – informar o valor do prejuízo para os diversos tipos de lavoura;*
> » *pecuária – informar o valor de animais mortos, doentes ou com baixo peso, em função do desastre;*
> » *indústria – informe o valor estimado de custo da produção perdida do setor industrial afetado;*
> » *comércio; e*
> » *serviços.* (UFSC, 2015, p. 53-54, grifo do original)

Como prejuízos econômicos privados podemos citar agricultura, pecuária, indústria, comércio e serviços. O Fide também apresenta, nos prejuízos econômicos privados, um campo destinado à descrição das ocorrências para análise e contabilização.

Questão para reflexão

1) Quais seriam as especialidades dos profissionais indicados para realizar o levantamento dos danos e dos prejuízos nos desastres e para avaliar seu impacto na capacidade de resposta do município?

Síntese

A metodologia atual e oficial adotada no Brasil para o registro dos desastres constitui ponto fundamental para que os municípios possam desenvolver ações de resposta e de recuperação. Observamos que os danos e os prejuízos originados dos desastres apresentam uma categorização que deve ser conhecida pelos gestores de proteção e defesa civil a fim de que as equipes de campo destinadas ao levantamento dessas informações o façam da maneira correta, evitando o desperdício de tempo.

Para saber mais

Acesse o *site* do Centro Universitário de Estudos e Pesquisas sobre Desastres (Ceped) da Universidade Federal de Santa Catarina (UFSC) e consulte o documento indicado no *link* a seguir, que traz as orientações necessárias para acessar o S2ID, ambiente virtual federal para inserção dos dados referentes ao Fide. Ainda, contempla diretrizes sobre os procedimentos para lançamento dos dados do desastre visando ao reconhecimento federal.

UFSC – Universidade Federal de Santa Catarina. Centro Universitário de Estudos e Pesquisas sobre Desastres. **Curso de capacitação para usuários do Sistema Integrado de Informações sobre Desastres (S2ID)**: módulos de registro e de reconhecimento. 3. ed. Florianópolis: Ceped/UFSC, 2015. Disponível em: <http://www.ceped.ufsc.br/wp-content/uploads/2014/01/S2ID-Curso-de-Capacitacao-para-Usu%C3%A1rios-do-S2ID-modulos-de-Registro-e-de-Reconhecimento-Final.pdf>. Acesso em: 7 jun. 2018.

Questões para revisão

1) De modo genérico, cite quais informações devem ser inseridas no formulário de informações do desastre (Fide) e qual o objetivo principal.

2) Explique como os danos e os prejuízos originados do desastre contribuem para a definição das ações de resposta e de recuperação.

3) De acordo com a IN n. 2/2016, o conceito de *dano* corresponde ao:
   a. resultado das perdas humanas, materiais ou ambientais infligidas a pessoas, comunidades, instituições, instalações e ecossistemas como consequência de um desastre.

b. resultado dos prejuízos humanos, materiais ou ambientais infligidos a pessoas, comunidades, instituições, instalações e ecossistemas como consequência de um desastre.

c. resultado das perdas oriundas dos desastres medidas em termos de prejuízos infligidos a pessoas, comunidades, instituições, instalações e ecossistemas como consequência de um desastre.

d. resultado das perdas humanas, materiais ou ambientais em virtude do descaso das autoridades como consequência de um desastre.

4) De acordo com a IN n. 2/2016, o conceito de *prejuízo* corresponde à:

a. medida de perda relacionada com o valor econômico, sentimental e patrimonial de determinado bem em circunstância de desastre.

b. medida de perda relacionada com o valor econômico, social e financeiro de determinado bem em circunstância de desastre.

c. medida de perda relacionada com o valor econômico, social e patrimonial de determinado bem em circunstância de desastre.

d. medida de perda relacionada com o valor econômico, social e patrimonial de uma comunidade em circunstância de desastre.

5) Assinale (PU) para prejuízos econômicos públicos e (PR) para prejuízos econômicos privados:

a. (   ) Indústria.
b. (   ) Serviços.
c. (   ) Esgoto de águas pluviais e sistema de esgotos sanitários.
d. (   ) Pecuária.

IV

Situações jurídicas especiais

Conteúdos do capítulo:

- » Situação de emergência.
- » Estado de calamidade pública.
- » Como decretar situação de emergência e estado de calamidade pública.
- » Ações decorrentes.

Após o estudo deste capítulo, você será capaz de:

1. identificar se os danos e os prejuízos de um desastre indicam a possibilidade de decretação de uma situação jurídica especial;
2. apontar qual situação jurídica especial é aplicável a um desastre específico;
3. discorrer sobre as possibilidades de ações decorrentes da decretação de situação de emergência ou de estado de calamidade pública.

» A classificação dos desastres varia de intensidade conforme os danos e os prejuízos deles decorrentes, expressos pelo nível de afetação do cenário sobre o qual o evento adverso, causador do desastre, incide. É possível afirmar que os desastres apresentam "escala de gravidade", que são os três níveis de desastre da classificação quanto à intensidade. Dependendo do nível de afetação, um desastre pode possibilitar a decretação de **situação de emergência** ou de **estado de calamidade pública**.

Quando um desastre ocorre, como fortes chuvas que originam alagamentos e inundações, além de vários pontos de deslizamento, certamente dele resultarão muitos danos, tanto públicos quanto privados (escolas e hospitais danificados, residências destruídas, pessoas desalojadas e desabrigadas etc.), que terão de ser minimamente recuperados para que as famílias possam retornar à vida normal. Há alguns danos decorrentes dos desastres que requerem ações imediatas, não havendo tempo hábil para a realização de um planejamento em detalhes, tampouco para que tramitem os processos licitatórios normais visando à compra de bens ou à contratação de serviços.

Citamos como exemplo a aquisição de colchões ou colchonetes para abrigos públicos e de alimentos para famílias que tiveram de ser encaminhadas para esses locais e lá permanecer por longos períodos. Ora, as pessoas levadas aos abrigos precisam ter onde se deitar à noite e ter o que comer, assim, tais demandas não podem esperar – a aquisição desses itens básicos é necessária e premente, devendo acontecer "do dia para a noite". Outro exemplo poderia ser uma ponte em área rural levada pelas águas de uma enxurrada e que constituía a única ligação de uma comunidade de várias famílias com o restante do município, ficando aquela, portanto, isolada, sem possibilidade de as crianças irem à escola, de os enfermos irem aos hospitais, de a produção agrícola ser escoada. Essa ponte deve ser reconstruída o mais rápido possível, pois a vida da comunidade depende de sua existência.

As situações legais especiais para os desastres são denominadas *situação de emergência* e *estado de calamidade pública*, sendo declaradas por meio de decreto do ente federado atingido (municípios, estados ou Distrito Federal). No caso de ser decretada por município, poderá ser homologada pelo Governo estadual correspondente; no caso de ser decretada por município, estado ou Distrito Federal, poderá ser reconhecida pelo Governo Federal. Os atos de homologação estadual e de reconhecimento federal ensejam um leque de possibilidades, que serão tratadas mais adiante.

4.1 Situação de emergência

A primeira das situações jurídicas especiais, a situação de emergência (SE), tem em seu conceito alguns elementos importantes para seu entendimento. O Decreto Federal n. 7.257, de 4 de agosto de 2010, assim prevê:

> *Art. 2º Para os efeitos deste Decreto, considera-se:*
> *[...]*
> *III – situação de emergência: situação anormal, provocada por desastres, causando danos e prejuízos que impliquem o comprometimento parcial da capacidade de resposta do poder público do ente atingido.* (Brasil, 2010a)

O mesmo conceito é repetido no Anexo VI da Instrução Normativa (IN) n. 2, de 20 de dezembro de 2016, do Ministério da Integração Nacional (Brasil, 2016c), que estabelece procedimentos e critérios para a decretação de situação de emergência ou de estado de calamidade pública pelos municípios, pelos estados e pelo Distrito Federal, bem como para o reconhecimento federal das situações de anormalidade decretadas pelos entes federativos. De acordo com o conceito apresentado, deve haver uma situação anormal, um incidente que não faz parte da rotina diária da localidade atingida por evento adverso severo causador de desastres sobre o cenário vulnerável.

Dessa conjunção entre evento adverso severo e cenário vulnerável, certamente haverá danos e prejuízos, que devem ser tantos que a capacidade do município atingido, mesmo reunindo todos os recursos disponíveis no momento para fazer o enfrentamento da situação, para promover a resposta ao desastre, estaria parcialmente comprometida. Portanto, haveria a possibilidade de o município, com os recursos locais disponíveis naquele momento, não responder de forma minimamente adequada ao desastre, devendo, se necessário, potencializar os recursos com ações decorrentes da decretação de SE. Essas ações podem ser locais ou, eventualmente, complementadas pelos governos estadual ou federal.

Para que um desastre enseje decretação de SE, seu nível deve ser I ou II, nos termos da IN n. 2/2016: "Art. 2º Quanto à intensidade os desastres são classificados em três níveis: [...] § 4º Os desastres de nível I e II ensejam a decretação de situação de emergência, [...]." (Brasil, 2016c). Como visto na seção que trata da classificação dos desastres quanto à sua intensidade, cada um desses níveis requer algumas condicionantes, mas a norma atual não demonstra de forma objetiva critérios bem definidos que delimitem os índices mínimos de cada condicionante trazida pela IN em comento:

Art. 2º [...]
[...]
§ 1º São desastres de nível I aqueles em que há somente danos humanos consideráveis e que a situação de normalidade pode ser restabelecida com os recursos mobilizados em nível local ou complementados com o aporte de recursos estaduais e federais.
§ 2º São desastres de nível II aqueles em que os danos e prejuízos são suportáveis e superáveis pelos governos locais e a situação de normalidade pode ser restabelecida com os recursos mobilizados em nível local ou complementados com o aporte de recursos estaduais e federais.
[...]
Art. 3º Os desastres de nível II são caracterizados pela ocorrência de ao menos dois danos, sendo um deles obrigatoriamente danos humanos que importem no prejuízo econômico público ou no prejuízo econômico privado que afetem a capacidade do poder público local em responder e gerenciar a crise instalada. (Brasil, 2016c)

Recapitulando rapidamente um raciocínio já explorado, tomaremos como exemplo o parágrafo 1º, que, ao dizer que são necessários "somente danos humanos consideráveis", não estabelece parâmetros que possam ajudar o gestor municipal ou estadual de proteção e defesa civil a identificar a quantidade ou o nível de gravidade dos danos humanos registrados para que pudesse ser configurada ou não a situação de emergência. Da mesma maneira, no art. 3º, a norma não estabelece parâmetros que indiquem a quantidade de prejuízo econômico público ou privado necessária, fazendo referência apenas à necessidade de afetar a capacidade local de responder e gerenciar a crise. Ora, qualquer afetação da capacidade de resposta local, conceitualmente, é afetação. Contudo, a afetação pode ter sido tão pequena que, com um pouco de esforço, o ente federado atingido pelo desastre consegue realizar seu enfrentamento sem maiores dificuldades.

Mas qual seria essa medida? Como dito, a norma não a estabelece e deixa, a exemplo desta, outras questões abertas ao subjetivismo tanto do gestor de proteção e defesa civil do local atingido pelo desastre quanto do analista da Secretaria Nacional de Proteção e Defesa Civil (Sedec), gerando insegurança técnica e jurídica. Indicamos consulta, nesta obra, à seção que trata especificamente da classificação dos desastres quanto à intensidade, na qual há mais detalhes a respeito dessas questões.

4.2 Estado de calamidade pública

O estado de calamidade pública (ECP) constitui-se na segunda e última hipótese das situações jurídicas especiais de proteção e defesa civil. Aqui, o Decreto Federal n. 7.257/2010 é que contempla o ECP:

> Art. 2º Para os efeitos deste Decreto, considera-se:
> [...]
> IV – estado de calamidade pública: situação anormal, provocada por desastres, causando danos e prejuízos que impliquem o comprometimento substancial da capacidade de resposta do poder público do ente atingido.
> (Brasil, 2010a)

Da mesma forma que na SE, o conceito de ECP é repetido no Anexo VI da IN n. 2/2016, que estabelece procedimentos e critérios para a decretação de SE ou de ECP pelos municípios, pelos estados e pelo Distrito Federal, bem como para o reconhecimento federal das situações de anormalidade decretadas pelos entes federativos. Nesse conceito também está a expressão *situação anormal*, que exprime a necessidade da ocorrência de um incidente que não faz parte da rotina diária de atendimentos emergenciais da localidade atingida, tendo sido provocado por evento adverso severo causador de desastres que incidiu sobre um cenário vulnerável.

Para configuração do ECP, como resultante da incidência do evento adverso sobre o cenário vulnerável, é preciso haver danos e prejuízos tão grandes que a capacidade de resposta da Administração Pública local tenha sido substancialmente comprometida. Isso significa dizer que todos os recursos disponíveis localmente para realizar o enfrentamento do desastre ainda serão insuficientes. O desastre, chegando a essa magnitude de danos e de prejuízos, que impossibilite somente ao governo local seu enfrentamento, é classificado como de nível de intensidade III, enquadrando-se na orientação trazida pela IN n. 2/2016:

> *Art. 2º [...]*
> *[...]*
> *§ 3º São desastres de nível III aqueles em que os danos e prejuízos não são superáveis e suportáveis pelos governos locais e o restabelecimento da situação de normalidade depende da mobilização e da ação coordenada das três esferas de atuação do Sistema Nacional de Proteção e Defesa Civil (SINPDEC) e, em alguns casos, de ajuda internacional.* (Brasil, 2016c)

Os desastres de nível III devem, nos termos da mesma IN, ter como resultado uma série de danos específicos:

> *Art. 4º Os desastres de nível III são caracterizados pela* **concomitância** *na existência de óbitos, isolamento de população, interrupção de serviços essenciais, interdição*

> *ou destruição de unidades habitacionais, danificação ou destruição de instalações públicas prestadoras de serviços essenciais e obras de infraestrutura pública.*
> (Brasil, 2016c, grifo nosso)

O artigo estabelece a necessária concomitância de alguns tipos de danos. Contudo, mesmo diante do que a norma prevê, entendemos que um desastre pode, de fato, configurar ECP ainda que, por exemplo, não tenha havido óbitos ou isolamento da população. A concomitância – trazida pela IN como necessária – não poderia ser condição *sine qua non* para que outra configuração de danos deixados pelo desastre, ainda que mais grave que aquela exigida pela norma, mesmo com a falta de um dos danos requeridos em seu texto, não fosse considerada para reconhecimento de que, efetivamente, do desastre resultou comprometimento severo da capacidade local, sendo determinante para muito bem configurar o ECP.

Mais detalhes acerca dessas questões estão na seção que trata da classificação dos desastres segundo sua intensidade, quando abordamos os desastres de nível III.

4.3 Procedimentos para decretação de situação anormal provocada por desastre

O município atingido por desastre deverá cumprir uma série de formalidades determinadas pela legislação pátria para que seja possível a decretação tanto de SE quanto de ECP. Todos os danos ocorridos em função do desastre devem ser levantados no cenário atingido a fim de que, após análise, o gestor de proteção e defesa civil decida tecnicamente acerca da decretação ou não de SE ou de ECP pelo chefe do Executivo municipal, estadual ou do Distrito Federal.

Os dados dos danos e dos prejuízos serão utilizados para preenchimento do formulário de informações do desastre (Fide) no Sistema Integrado de Informações sobre Desastres (S2ID) da Sedec, com vistas ao reconhecimento federal da SE e do ECP. Ainda, a solicitação do referido reconhecimento federal ocorrerá mediante requerimento (ofício) do chefe do Poder Executivo do município, do estado ou do Distrito Federal afetado pelo desastre à Sedec, em conformidade com o que estabelece a legislação:

Art 6º O reconhecimento federal se dará por meio de portaria, mediante requerimento do Chefe do Poder Executivo do Município, do Estado ou do Distrito Federal afetado pelo desastre.

§ 1º O requerimento deve explicitar:

I – As razões pelas quais a autoridade do poder executivo municipal ou estadual deseja o reconhecimento;

II – Necessidade comprovada de auxílio federal complementar, data e tipo de desastre;

III – Especificação dos benefícios federais a serem pleiteados para atendimento às vítimas de desastres, conforme disposto em legislação;

IV – Deve contemplar a fundamentação legal e estar acompanhado dos seguintes documentos:

a) Decreto da SE ou ECP do ente federado solicitante (original ou cópia autenticada ou carimbo e assinatura de confere com original);

b) Formulário de Informações do Desastre – FIDE, conforme o estabelecido no anexo I desta Instrução Normativa;

c) Declaração Municipal de Atuação Emergencial – DMATE e/ou Declaração Estadual de Atuação Emergencial – DEATE, conforme o estabelecido nos anexos II e III desta Instrução Normativa, demonstrando as medidas e ações em curso, capacidade de atuação e recursos humanos, materiais, institucionais e financeiros empregados pelo ente federado afetado para o restabelecimento da normalidade;

d) *Parecer Técnico do Órgão Municipal ou do Distrito Federal e, quando solicitado, do Órgão Estadual de Proteção e Defesa Civil;*

e) *Relatório Fotográfico, conforme o estabelecido no anexo IV desta Instrução Normativa, contendo fotos datadas, legendadas, com boa resolução, preferencialmente georreferenciadas e que, obrigatoriamente, demonstrem a relação direta com os prejuízos econômicos e, quando possível, com os danos declarados;*

f) *Outros documentos e registros que comprovem as informações declaradas e auxiliem na análise do reconhecimento federal.* (Brasil, 2016c)

Com a finalidade de ser estabelecida uma situação jurídica especial que autorize a União a direcionar recursos complementares ao ente federado que decretou SE ou ECP, o Governo Federal tem a possibilidade jurídica de reconhecer, por meio de portaria, o decreto do ente atingido pelo desastre. Assim, é possível a execução de ações de resposta com recursos federais, compostas por atividades de socorro, assistência às populações atingidas e reabilitação dos cenários afetados, além de ações de recuperação de áreas prejudicadas pelo desastre.

É importante ressaltar que, em conformidade com a legislação, todos os documentos elaborados pelo ente que decretou a SE ou o ECP – e que serão enviados por meio do S2ID à Sedec para análise com vistas ao reconhecimento federal – devem estar assinados por técnicos habilitados em suas referidas áreas de atuação, a fim de subsidiar a análise processual. Após terem sido elaborados todos os documentos pelo ente federativo, este deverá realizar o cadastramento de todo o processo no sistema S2ID:

> *Art. 6º [...]*
> *[...]*
> *§ 2º Os documentos mencionados neste artigo deverão ser enviados ao Ministério da Integração Nacional, via Sistema Integrado de Informações sobre Desastres – S2ID, conforme o estabelecido na Portaria n. 526, de 06 de setembro de 2012, observados os prazos, procedimentos e critérios estabelecidos pela legislação pertinente.*
> (Brasil, 2016c)

Para que o coordenador de proteção e defesa civil do ente federado que decretou a SE ou o ECP tenha acesso ao sistema S2ID, ele deverá estar previamente cadastrado. Caso não tenha cadastro, deverá acessar o endereço <https://s2id.mi.gov.br> e, em seguida, a opção referente ("Não possuo cadastro"), conforme a Figura 4.1, a seguir.

Figura 4.1 – S2ID

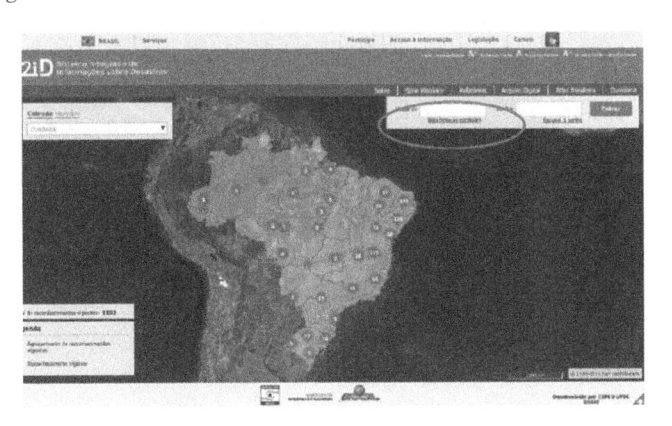

Fonte: S2ID, 2018a.

A seguinte caixa de diálogo será exibida (Figura 4.2):

Figura 4.2 – S2ID: Cadastro de novo usuário

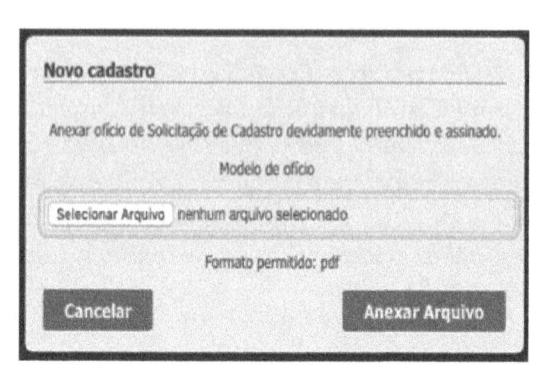

[Novo cadastro

Anexar ofício de Solicitação de Cadastro devidamente preenchido e assinado.
Modelo de ofício
Selecionar Arquivo | nenhum arquivo selecionado
Formato permitido: pdf
Cancelar | Anexar Arquivo]

Fonte: S2ID, 2018b.

Na caixa de diálogo, o usuário deverá inserir o ofício de solicitação de acesso ao S2ID à Sedec de acordo com modelo disponibilizado na mesma caixa de diálogo, no local indicado ("Modelo de ofício"), devendo aguardar a liberação do acesso pela Secretaria.

Considerando que há prazos a serem cumpridos para o cadastramento de desastres no S2ID, é altamente recomendável que todos os municípios, os estados e o Distrito Federal tenham servidores devidamente cadastrados no S2ID com antecedência, não devendo esperar o desastre para solicitar o cadastro. Isso evita a intempestividade no cadastramento da ocorrência e o comprometimento do pretendido reconhecimento federal, não frustrando, assim, todas as demais ações que se buscava em vista do decreto de SE ou de ECP.

O prazo para cadastramento do desastre no S2ID é de 15 dias contados a partir da data da ocorrência no caso de desastres súbitos; e de 20 dias contados a partir da data da decretação de SE ou de ECP no caso de desastres graduais.

> Questão para reflexão
>
> 1) Compare os critérios necessários para decretação de SE e de ECP constantes da IN n. 1, de 24 de agosto de 2012 (Brasil, 2012b), com os critérios da IN n. 2/2016 (Brasil, 2016c), e avalie qual das duas normativas apresenta critérios de decretação mais rigorosos.

4.4 Possibilidades decorrentes das situações jurídicas especiais

A decretação de SE e de ECP possibilitam algumas hipóteses de ações voltadas à resposta e à recuperação dos cenários afetados pelos desastres.

4.4.1 Dispensa de licitação

Na Administração Pública, em qualquer um dos três poderes, as aquisições de bens e a contratação de serviços seguem, como regra, a necessária realização de licitações, visando garantir que seja selecionada a proposta mais vantajosa para o interesse público. De forma excepcional, a licitação poderá ser dispensada nos casos previstos em lei. Nesse sentido, em um prazo de 180 dias, de acordo com o inciso IV do art. 24 da Lei n. 8.666, de 21 de junho de 1993, a autoridade pública poderá realizar aquisições de bens e contratações de serviços sem licitação, seguindo, entretanto, um rito mínimo para garantir que os preços pagos não estejam fora da realidade de mercado:

> Art. 24. É dispensável a licitação:
> [...]
> IV – nos casos de emergência ou de calamidade pública, quando caracterizada urgência de atendimento de situação que possa ocasionar prejuízo ou comprometer a segurança de pessoas, obras, serviços, equipamentos e outros bens, públicos ou particulares, e somente para os bens necessários ao atendimento da situação emergencial ou calamitosa e para as parcelas de obras e serviços que possam ser concluídas no prazo máximo de 180 (cento e oitenta) dias consecutivos e ininterruptos, contados da ocorrência da emergência ou calamidade, vedada a prorrogação dos respectivos contratos. (Brasil, 1993a)

A dispensa de licitação, contudo, requer alguns cuidados para que seja realizada e considerada válida. Os tribunais de contas dos estados e da União constituem excelentes fontes de informações acerca dos requisitos mínimos, a par das procuradorias jurídicas dos entes federados, a fim de que sejam adotados os procedimentos de acordo com o entendimento legal do ente ao qual o recurso empregado está vinculado.

4.4.2 Abertura de créditos extraordinários

Os gastos realizados pelos governos – tanto municipais quanto do Distrito Federal, dos estados e da União – devem estar previstos na Lei Orçamentária Anual (LOA), que os autoriza a utilizar recursos de acordo com os programas de governo. De forma excepcional, a lei admite que recursos sejam empregados em casos específicos em razão de sua imprevisibilidade, mesmo não tendo sido previstos na LOA, como no caso de alguns desastres. O instituto previsto na legislação é o dos créditos adicionais, que podem ser especiais, suplementares e extraordinários:

> *A abertura de crédito extraordinário, nos termos do Art. 167, parágrafo 3º da Constituição Federal, somente será admitida para atender a despesas imprevisíveis e urgentes, como as decorrentes de guerra, comoção interna ou calamidade pública, podendo ser feita por meio de Medida Provisória, conforme previsto no Art. 62 da Constituição. No âmbito estadual ou municipal, admite-se a abertura por meio de decreto, caso não haja essa previsão na Constituição Estadual ou na Lei Orgânica Municipal.* (São Paulo, 2016, p. 108)

Os créditos extraordinários abrem uma importante possibilidade ao gestor de desastres, uma vez que é o único que não requer prévia autorização legislativa ou indicação da fonte dos recursos. Dessa forma, é um instituto jurídico especial previsto na Constituição Federal (CF) de 1988 (Brasil, 1988) justamente para socorrer o administrador nas situações em que o tempo é fator crucial para atendimento da demanda emergencial e imprevisível.

4.4.3 Desapropriações por utilidade pública

Não há previsão legal que exija a declaração de SE ou de ECP como pré-requisito para serem realizadas desapropriações por utilidade pública, contudo, perfaz-se em elemento importante para a fundamentação da necessidade de desapropriação, conforme previsto no Decreto-Lei n. 3.365, de 21 de junho de 1941:

> Art. 2º Mediante declaração de utilidade pública, todos os bens poderão ser desapropriados pela União, pelos Estados, Municípios, Distrito Federal e Territórios.
> [...]
> Art. 5º Consideram-se casos de utilidade pública:
> [...]
> c) o socorro público em caso de calamidade.
> [...]
> Art. 6º A declaração de utilidade pública far-se-á por decreto do Presidente da República, Governador, Interventor ou Prefeito. (Brasil, 1941)

Nos decretos que declaram SE ou ECP, é comum já estar prevista a possibilidade de realização de desapropriações por utilidade pública.

4.4.4 Contratação temporária de pessoal

A legislação brasileira estabelece a possibilidade de contratação de pessoal para a execução de atividades relacionadas à ocorrência de desastres, com vistas a atender à necessidade de excepcional interesse público. Tal hipótese está prevista na Lei n. 8.745, de 9 de dezembro de 1993:

> Art. 1º Para atender a necessidade temporária de excepcional interesse público, os órgãos da Administração Federal direta, as autarquias e as fundações públicas poderão efetuar contratação de pessoal por tempo determinado, nas condições e prazos previstos nesta Lei.
> Art. 2º Considera-se necessidade temporária de excepcional interesse público:
> I – assistência a situações de calamidade pública.
> (Brasil, 1993c)

A referência constante da norma alcança tão somente a Administração Pública direta do Governo Federal, bem como as autarquias e as fundações. A Administração dos estados e dos municípios não é alcançada pelo contido na referida lei.

4.4.5 Empréstimos compulsórios

No caso da ocorrência de desastres que requeiram recursos de tão elevada monta que ultrapassem a disponibilidade do erário, a União poderá instituir, por meio de lei complementar, empréstimos compulsórios com vistas a arrecadar tais recursos para recuperação dos danos havidos. Note-se, contudo, que o texto da lei, ao lado da hipótese de calamidade pública, traz outras despesas, decorrentes de guerra externa ou de sua iminência, ou seja, mesmo o empréstimo compulsório só poderá ser instituído no caso de desastres de tão excepcional gravidade. Vejamos o teor do art. 148, inciso I, da CF/1988:

> Art. 148. A União, mediante lei complementar, poderá instituir empréstimos compulsórios:
> I – para atender a despesas extraordinárias, decorrentes de calamidade pública, de guerra externa ou sua iminência. (Brasil, 1988)

Os recursos advindos de empréstimo compulsório devem ser empregados exclusivamente nas despesas que fundamentaram sua instituição.

4.4.6 Liberações de recursos do Fundo de Garantia do Tempo de Serviço

O Fundo de Garantia do Tempo de Serviço (FGTS), regido pela Lei n. 8.036, de 11 de maio de 1990 (Brasil, 1990), tem por objetivo proteger o trabalhador demitido sem justa causa, garantindo uma verba para emergências e ajuda de custo para assuntos importantes, como saúde e habitação. A Lei n. 10.878, de 8 de junho de 2004 (Brasil, 2004b), alterou a Lei n. 8.036/1990, estabelecendo a possibilidade de o trabalhador realizar o saque do FGTS em virtude de desastres, desde que obedecidos alguns critérios:

> *Art. 20. A conta vinculada do trabalhador no FGTS poderá ser movimentada nas seguintes situações:*
> *[...]*
> *XVI–necessidade pessoal, cuja urgência e gravidade decorra de desastre natural, conforme disposto em regulamento, observadas as seguintes condições:*
> *a) o trabalhador deverá ser residente em áreas comprovadamente atingidas de Município ou do Distrito Federal em situação de emergência ou em estado de calamidade pública, formalmente reconhecidos pelo Governo Federal;*
> *b) a solicitação de movimentação da conta vinculada será admitida até 90 (noventa) dias após a publicação do ato de reconhecimento, pelo Governo Federal, da situação de emergência ou de estado de calamidade pública; e*
> *c) o valor máximo do saque da conta vinculada será definido na forma do regulamento.* (Brasil, 1990)

O Decreto Federal n. 5.113, de 22 de junho de 2004, estabeleceu o rol de desastres passíveis de serem alcançados pelo instituto criado pela Lei n. 10.878/2004:

> *Art 1° O titular de conta vinculada do Fundo de Garantia do Tempo de Serviço – FGTS que resida em área do Distrito Federal ou de Município, em situação de emergência ou estado de calamidade pública objeto de decreto do respectivo Governo, poderá movimentar a referida*

*conta por motivo de necessidade pessoal, cuja urgência
e gravidade decorram de desastre natural.*
*Art 2º Para os fins do disposto neste Decreto, considera-se
desastre natural:*
I – vendavais ou tempestades;
II – vendavais muito intensos ou ciclones extratropicais;
*III – vendavais extremamente intensos, furacões, tufões
ou ciclones tropicais;*
IV – tornados e trombas d'água;
V – precipitações de granizos;
VI – enchentes ou inundações graduais;
VII – enxurradas ou inundações bruscas;
VIII – alagamentos; e
IX – inundações litorâneas provocadas pela brusca invasão do mar.
Parágrafo único. Para fins do disposto no inciso XVI do caput do art. 20 da Lei nº 8.036, de 11 de maio de 1990, considera-se também como natural o desastre decorrente do rompimento ou colapso de barragens que ocasione movimento de massa, com danos a unidades residenciais.
(Brasil, 2004a)

O citado rol de desastres é exaustivo, ou seja, outros desastres além dos previstos nessa norma jurídica não possibilitam a liberação de recursos do FGTS aos atingidos, por mais grave que seja o evento.

4.4.7 Redução do Imposto Territorial Rural

As áreas rurais produtivas atingidas por desastres têm previsão legal de redução de até 90% do Imposto Territorial Rural (ITR), em virtude de frustração de safras ou de destruição de pastos. Assim disciplina o Decreto n. 84.685, de 6 de maio de 1980:

> Art. 13. Nos casos de intempérie ou calamidade de que resulte frustração de safras ou destruição de pastos, o Ministro da Agricultura poderá determinar que o percentual de redução referido no art. 8º seja:
> a) calculado com base em dados do ano anterior ao da ocorrência, ou
> b) fixado genericamente para todos os imóveis que comprovadamente estejam situados na área de ocorrência da intempérie ou calamidade.
> Parágrafo único. Nos casos de estado de calamidade pública, decretado pelo Poder Público Federal ou Estadual, a redução de que trata o art. 8º poderá ser de 90% (noventa por cento), desde que o imóvel tenha sido efetivamente atingido pelas causas determinantes daquela situação. (Brasil, 1980)

As estiagens e as secas são as situações de desastres mais comuns que originam esse tipo de possibilidade de benefício.

4.4.8 Antecipação de benefícios da Previdência Social

A antecipação de benefícios da Previdência Social encontra sua base jurídica no Decreto Federal n. 3.048, de 6 de maio de 1999:

> Art. 169. Os pagamentos dos benefícios de prestação continuada não poderão ser antecipados.
> § 1º Excepcionalmente, nos casos de estado de calamidade pública decorrente de desastres naturais, reconhecidos por ato do Governo Federal, o INSS poderá, nos termos de ato do Ministro de Estado da Previdência Social, antecipar aos beneficiários domiciliados nos respectivos municípios:

> *I – o cronograma de pagamento dos benefícios de prestação continuada previdenciária e assistencial, enquanto perdurar o estado de calamidade; e*
> *II – o valor correspondente a uma renda mensal do benefício devido, excetuados os temporários, mediante opção dos beneficiários.*
> *§ 2º O valor antecipado de que trata o inciso II do § 1o será ressarcido de forma parcelada, mediante desconto da renda do benefício, para esse fim equiparado ao crédito de que trata o inciso II do* caput *do art. 154, nos termos do ato a que se refere o § 1º.* (Brasil, 1999)

Os benefícios da Previdência Social seguem um cronograma que pode ser alterado, antecipando a data de seu pagamento aos beneficiários residentes em municípios atingidos por desastres e que resultaram na decretação de ECP, devidamente reconhecido pelo Governo Federal, podendo também o beneficiário receber um mês adiantado, por assim dizer, do benefício ao qual faz jus.

4.4.9 Transferências de recursos

A legislação pátria prevê o repasse de recursos a estados, a municípios e ao Distrito Federal por meio de duas modalidades: transferências voluntárias ou convênios e transferências obrigatórias. Essas modalidades têm como fato gerador os desastres, que podem já ter ocorrido ou indicar potencial de ocorrência, devendo, além disso, apresentar outros requisitos necessários a cada modalidade de transferência de recursos.

■ Transferências voluntárias

As transferências voluntárias encontram previsão legal na Lei Complementar n. 101, de 4 de maio de 2000:

> Art. 25. Para efeito desta Lei Complementar, entende-se por transferência voluntária a entrega de recursos correntes ou de capital a outro ente da Federação, a título de cooperação, auxílio ou assistência financeira, que não decorra de determinação constitucional, legal ou os destinados ao Sistema Único de Saúde. (Brasil, 2000)

Como destacado pela legislação, ressalvados outros casos previstos na Constituição Federal, em lei ou destinados ao Sistema Único de Saúde (SUS), as transferência voluntárias constituem a entrega de recursos, no caso do Sistema Nacional de Proteção e Defesa Civil (Sinpdec), cuja origem será exclusiva de emendas parlamentares*, a estados, a municípios e ao Distrito Federal, realizada por meio do Portal de Convênios/Siconv, conforme disciplinado pela Portaria Interministerial n. 424, de 30 de dezembro de 2016, do Ministério do Planejamento, Desenvolvimento e Gestão:

> Art. 1º Esta Portaria regula os instrumentos de repasse celebrados pelos órgãos e entidades da Administração Pública Federal com órgãos ou entidades públicas ou entidades privadas sem fins lucrativos para a execução de programas, projetos e atividades de interesse recíproco, que envolvam a transferência de recursos financeiros oriundos do Orçamento Fiscal e da Seguridade Social da União. (Brasil, 2017c)

Para que o ente federado se habilite à transferência voluntária de recursos, a legislação estabelece uma série de requisitos a serem cumpridos. Normalmente, a Administração dos municípios, dos estados e do Distrito Federal já tem conhecimento

---

* Conforme orientação contida no site do Ministério da Integração Nacional (Brasil, 2012c).

do que é necessário à celebração de convênios com o Governo Federal.

■ Transferências obrigatórias
Essa modalidade de transferência de recursos está prevista na Lei n. 12.340, de 1º de dezembro de 2010:

> Art. 4º *São obrigatórias as transferências da União aos órgãos e entidades dos Estados, do Distrito Federal e dos Municípios para a execução de ações de prevenção em áreas de risco de desastres e de resposta e de recuperação em áreas atingidas ou com o risco de serem atingidas por desastres, observados os requisitos e procedimentos estabelecidos pela legislação aplicável.* (Brasil, 2010b)

A transferência obrigatória é destinada às ações de resposta e de recuperação de desastres, não sendo, portanto, aplicável ao caso de obras preventivas, para o qual existe a modalidade de transferência voluntária. É importante ressaltar que, para as transferências obrigatórias – seja para ações de resposta, seja para ações de recuperação de desastre –, "Todas as etapas da solicitação de recursos até a prestação de contas final, – a partir de 06 de abril de 2017, conforme Portaria MI n. 215/2017, devem ser pleiteadas, e tramitadas, exclusivamente, por meio do Sistema Integrado e Informações sobre Desastres – S2ID" (Brasil, 2016a). Faz-se necessário, então, o cadastramento, como usuário, de representante do ente federado no sistema S2ID, da Sedec.

Especificamente no que tange à transferência obrigatória de recursos, para que o Governo Federal efetue o repasse aos municípios, aos estados ou ao Distrito Federal, exige-se o reconhecimento federal da SE ou do ECP, acompanhado da elaboração de planos detalhados.

■ Plano detalhado de resposta

Para a resposta aos desastres estão incluídas as ações de socorro, a assistência e o restabelecimento dos serviços essenciais. Os recursos são repassados para execução exclusivamente por meio do Cartão de Pagamento de Defesa Civil (CPDC):

> *As ações de resposta a desastres são medidas emergenciais e visam atender às seguintes finalidades:*
> » *Socorrer vítimas (resgate, busca e salvamento);*
> » *Transportar vítimas, agentes de defesa civil e/ou produtos e materiais essenciais aos afetados;*
> » *Prestar assistência humanitária (alimentação, hidratação, abrigamento, limpeza e higiene pessoal); e*
> » *Restabelecer emergencialmente serviços essenciais e as condições de habitabilidade dos afetados.*
>
> *As ações de resposta são atendidas exclusivamente por meio do Cartão de Pagamento da Defesa Civil – CPDC.*
>
> *Não se enquadram como ações de resposta da SEDEC:*
> » *as que não possuem nexo-causal direto com o desastre;*
> » *aquisições de materiais ou bens para equiparar órgãos públicos e instituições privadas; e*
> » *ações para prevenção e recuperação.* (Brasil, 2016b)

Cabe ao ente solicitante apresentar o pedido, bem como a motivação, as informações e a comprovação documental necessária à análise pela Sedec. Assim, os documentos, como laudos de autoridades competentes acerca dos danos apontados no Fide, relatórios fotográficos, entre outros, são vitais para que o analista tenha condições de perceber a gravidade da situação ocorrida. Deve-se ter em mente que o analista da Sedec está em Brasília (DF), isto é, não conhece pessoalmente a localidade nem esteve presente quando o desastre aconteceu. Portanto, o entendimento desse analista depende única e exclusivamente das documentações apresentadas pelo ente federado solicitante.

A qualquer tempo, sendo detectado vício documental ou a inexistência dos fatos relatados pelo ente que levaram ao reconhecimento federal da SE ou do ECP, ou ainda a inexecução do objeto para o qual o recurso solicitado tenha sido destinado, a transferência de recursos será revogada, perdendo seus efeitos e obrigando o ente beneficiário a devolver os valores recebidos. Informações detalhadas a respeito das transferências obrigatórias podem ser encontradas no manual da Sedec intitulado *Transferência obrigatória: caderno de orientações – da solicitação de recursos à prestação de contas* (Brasil, 2011).

- Plano de trabalho

Para ações de recuperação dos danos ocorridos em virtude do desastre, o plano de trabalho (PT) detalhará as medidas voltadas à reconstrução dos cenários danificados ou destruídos, devendo ser apresentado em um prazo máximo de 90 dias da data do desastre, abrangendo principalmente a reconstrução de infraestrutura pública destruída ou danificada, que terá como base a Portaria n. 384, de 23 de outubro de 2014, do Ministério da Integração Nacional (Brasil, 2014).

No caso de o apoio a ser pleiteado à União ter como objetivo a reconstrução de unidades habitacionais de famílias de baixa renda que tenham sido destruídas ou interditadas de forma definitiva em decorrência de desastres, a Portaria Interministerial n. 1, de 24 de julho de 2013, do Ministério da Integração Nacional e do Ministério das Cidades (Brasil, 2013), traz em detalhes os procedimentos necessários. A solicitação de recursos deve ser encaminhada ao Ministério da Integração Nacional, que realiza a avaliação inicial e trata do cabimento do pedido. Recebendo a aprovação, o processo é remetido ao Ministério das Cidades, que, por meio da Secretaria Nacional de Habitação, tem a competência para realizar a implementação das ações.

4.4.10 Aluguel social

O aluguel social destina-se ao atendimento emergencial de famílias que tiveram a residência atingida por desastres ou que estejam em áreas interditadas em virtude da ocorrência de desastres. Qualquer uma das hipóteses apresentadas deve constituir elemento impeditivo para o regresso das famílias às residências. Esse recurso tem caráter assistencial eventual, sendo prestado mensalmente, por determinado período, um valor correspondente ao custo mensal de um aluguel popular que pode variar com o número de integrantes de cada família beneficiada (Paraná, 2018b).

Para recebimento do aluguel social, alguns requisitos devem ser preenchidos:

» a família deve ter sofrido os efeitos do desastre;
» a residência deve ter sofrido destruição parcial ou total ou deve ser demolida, pois não apresenta mais condições de recuperação ou há a impossibilidade concreta da ocorrência de novos desastres que possam atingi-la;
» a família a ser beneficiada deve realmente necessitar de assistência para que possa garantir a proteção de seu direito social à moradia (Paraná, 2018b).

A Lei n. 8.742, de 7 de dezembro de 1993, que dispõe sobre a organização da Assistência Social, assim estabelece:

> *Art. 22. Entendem-se por benefícios eventuais as provisões suplementares e provisórias que integram organicamente as garantias do Suas e são prestadas aos cidadãos e*

às famílias em virtude de nascimento, morte, situações de vulnerabilidade temporária e de calamidade pública.
§ 1º A concessão e o valor dos benefícios de que trata este artigo serão definidos pelos Estados, Distrito Federal e Municípios e previstos nas respectivas leis orçamentárias anuais, com base em critérios e prazos definidos pelos respectivos Conselhos de Assistência Social. (Brasil, 1993b)

O Decreto Federal n. 6.307, de 14 de dezembro de 2007, que regulamenta os benefícios eventuais previstos no art. 22 da Lei n. 8.742/1993, traz alguns detalhes importantes, como:

Art. 1º Benefícios eventuais são provisões suplementares e provisórias, prestadas aos cidadãos e às famílias em virtude de nascimento, morte, situações de vulnerabilidade temporária e de calamidade pública.
§ 1º Os benefícios eventuais integram organicamente as garantias do Sistema Único de Assistência Social – SUAS.
[...]
Art. 8º Para atendimento de vítimas de calamidade pública, poderá ser criado benefício eventual de modo a assegurar-lhes a sobrevivência e a reconstrução de sua autonomia, nos termos do § 2º do art. 22 da Lei nº 8.742, de 1993.
Parágrafo único. Para os fins deste Decreto, entende-se por estado de calamidade pública o reconhecimento pelo poder público de situação anormal, advinda de baixas ou altas temperaturas, tempestades, enchentes, inversão térmica, desabamentos, incêndios, epidemias, causando sérios danos à comunidade afetada, inclusive à incolumidade ou à vida de seus integrantes. (Brasil, 2007)

O benefício do aluguel social constitui importante instrumento legal que pode ser utilizado pela autoridade pública competente para garantir um mínimo de dignidade às famílias que comprovadamente dele necessitem.

Síntese

Os danos e os prejuízos decorrentes dos desastres podem indicar que os recursos municipais para seu enfrentamento não são suficientes, sendo necessário o apoio dos governos estadual e federal. Para tanto, há a possibilidade jurídica da decretação de situação anormal, que abre algumas possibilidades de apoio ao município atingido por parte das demais esferas de governo.

Neste capítulo, foi possível constatar que, para a decretação de SE ou de ECP, há um rito que deve ser seguido, bem como para os correspondentes em homologação estadual e em reconhecimento federal.

Para saber mais

Acesse o documento da Coordenadoria Estadual de Proteção e Defesa Civil do Paraná indicado a seguir e confira um guia orientativo – com um passo a passo muito bem detalhado – a respeito do cadastramento de ocorrências e da decretação de situação de emergência ou de estado de calamidade pública nos sistemas SISDC e S2ID.

PARANÁ. Defesa Civil. **Cadastramento de ocorrências e decretação de situação de emergência ou estado de calamidade pública nos sistemas SISDC e S2ID**. Disponível em: <http://www.defesacivil.pr.gov.br/arquivos/

File/SITUACAO_DE_EMERGENCIA/versaosite.pdf>.
Acesso em: 8 jun. 2018.

Questões para revisão

1) De forma breve, discorra sobre a relação existente entre os níveis de desastres, as decretações de SE e de ECP e os necessários danos ou prejuízos para configuração dessas duas hipóteses.
2) Apresente o fundamento pelo qual são necessárias as situações jurídicas especiais no caso de desastres.
3) O conceito de *situação de emergência* corresponde à:
   a. situação anormal provocada por desastres, causando danos e prejuízos que impliquem o comprometimento total de articulação e de recuperação do Poder Público do ente atingido.
   b. situação anormal provocada por desastres, causando danos e prejuízos que impliquem o comprometimento parcial da capacidade de resposta do Poder Público do ente atingido.
   c. situação anormal provocada por eventos adversos da natureza, causando danos e prejuízos sociais que impliquem o comprometimento parcial da capacidade de resposta do Comando do Incidente.
   d. situação anormal causada por danos e prejuízos que impliquem o comprometimento parcial da capacidade de resposta do Poder Público do ente atingido.
4) A IN n. 2/2016 do Ministério da Integração Nacional destina-se a:
   a. regulamentar a Lei n. 12.608/2012.

b. estabelecer as regras para repasse de recursos federais aos demais entes federados em situação de emergência ou estado de calamidade pública.
c. normatizar o funcionamento da Secretaria Nacional de Proteção e Defesa Civil (Sedec).
d. estabelecer o regramento para a decretação pelos estados, pelos municípios e pelo Distrito Federal e o competente reconhecimento federal de situação de emergência e de estado de calamidade pública.

5) Assinale (V) para as alternativas verdadeiras e (F) para as alternativas falsas.
( ) Os desastres nos municípios não necessitam de cadastramento no S2ID para que possa ser requerido o reconhecimento federal de situação de emergência ou de estado de calamidade pública.
( ) Para os desastres graduais, o prazo para cadastramento no S2ID é de 20 dias a partir de sua ocorrência.
( ) Para os desastres súbitos, o prazo para cadastramento no S2ID é de 15 dias a partir da data de ocorrência do desastre.
( ) O prazo para dispensa de licitação nos casos de emergência e de calamidade pública, de acordo com a Lei n. 8.666/1993, é de 180 dias consecutivos e ininterruptos contados a partir da data do desastre.
( ) O plano detalhado de resposta e o plano de trabalho são destinados, respectivamente, às ações de resposta e de recuperação do desastre.
Agora, assinale a alternativa que corresponde à sequência correta:
a. F, F, V, V, V.

b. V, F, V, V, F.
c. F, V, V, V, V.
d. V, F, F, F, V.

V

Ações globais de proteção e defesa civil

Conteúdos do capítulo:

» Redução de desastres.
» Cinco ações globais de proteção e defesa civil.
» Prevenção.
» Mitigação.
» Preparação.
» Resposta.
» Recuperação.
» Plano de contingência.

Após o estudo deste capítulo, você será capaz de:

1. informar sobre a metodologia para a redução de desastres;
2. discorrer sobre cada uma das cinco ações globais de proteção e defesa civil;
3. formular um plano de contingência básico.

O grande objetivo da proteção e defesa civil é a redução dos desastres, alcançada por meio do desenvolvimento de cinco ações globais: prevenção, mitigação, preparação, resposta e reconstrução. Para cada uma dessas ações globais, há muitas "subações" previstas ou que podem ser criadas e desenvolvidas com a ação direta ou indireta de cada uma das três esferas de governo.

Figura 5.1 – Ciclo completo de proteção e defesa civil

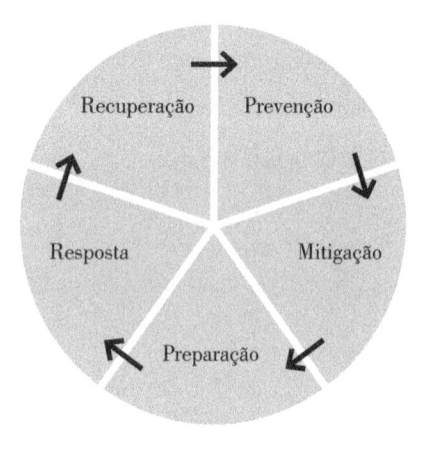

Sobre o tema, a Lei n. 12.608, de 10 de abril de 2012, assim prevê:

> *Art. 2º É dever da União, dos Estados, do Distrito Federal e dos Municípios adotar as medidas necessárias à redução dos riscos de desastre.*
> *§ 1º As medidas previstas no caput poderão ser adotadas com a colaboração de entidades públicas ou privadas e da sociedade em geral.*
> *§ 2º A incerteza quanto ao risco de desastre não constituirá óbice para a adoção das medidas preventivas e mitigadoras da situação de risco.* (Brasil, 2012a)

Fica claro que cada ente federado tem o dever legal de adotar medidas para que os desastres não aconteçam e, caso venham a acontecer, que causem a menor quantidade e gravidade de danos possível. As medidas são enquadradas nas cinco ações globais de proteção e defesa civil e devem ser desenvolvidas antes, durante e após os desastres, ou seja, não basta meramente responder ao desastre quando ele ocorre.

União, estados, municípios e Distrito Federal devem trabalhar na redução dos desastres principalmente antes que eles se sucedam. Infelizmente, não raro isso é relegado a segundo plano por muitos entes federados, que voltam suas ações exclusivamente para a resposta, sem qualquer preparo prévio, o que fatalmente resulta em maiores, mais graves e duradouros danos e prejuízos.

5.1 Prevenção

As ações de prevenção de desastres são aquelas que buscam eliminar o risco de desastre, ou seja, são o conjunto de ações destinadas a extinguir a possibilidade da ocorrência dos desastres naturais, tecnológicos e antrópicos por meio da avaliação de determinado risco e da adoção de medidas tendentes a reduzir as ameaças ou as vulnerabilidades*, o que redundará na consequente não ocorrência de danos humanos, materiais e ambientais e de prejuízos econômicos e sociais.

As ações de prevenção de desastres requerem recursos públicos para sua realização e devem advir de políticas públicas e

---

* Para aprofundar a análise sobre ameaças e vulnerabilidades e sua relação com os desastres, consulte o Capítulo 7, "Gestão de risco de desastres", desta obra.

de programas de governo. Isso significa que os governos devem querer realizar as ações preventivas, incluindo-as como objetivos para que, de forma efetiva, sejam adequadamente planejadas e desenvolvidas com vistas à sua eficácia, e não meramente promocionais e de *marketing* do próprio governo. Para que isso se torne realidade, o planejamento da prevenção deve ser muito bem executado por técnicos das diversas áreas de conhecimento relativas às ações a serem implementadas.

A *prevenção de desastres* compreende

> a Avaliação e a Redução de Riscos de Desastres, através de medidas estruturais e não estruturais. Baseia-se em análises de riscos e de vulnerabilidades e inclui também legislação e regulamentação, zoneamento urbano, código de obras, obras públicas e planos diretores municipais.
> (Castro, 2007, p. 146)

Como exemplo de uma ação preventiva, no caso de uma comunidade com residências no pé de um morro com risco de deslizamento, de que maneira seria possível eliminar qualquer possibilidade de um desastre acontecer? Seguramente, a única possibilidade seria a remoção das famílias da área de risco para uma área segura, pois assim, ainda que o deslizamento ocorresse, não atingiria nenhuma família. Esse exemplo ilustra, com uma medida estrutural, que o risco de desastre no cenário considerado foi reduzido a zero.

5.2 Mitigação

Diferentemente da prevenção, que tende a extinguir a chance de o desastre ocorrer, a mitigação busca diminuir essa possibilidade de ocorrência ou os danos e os prejuízos advindos do desastre. Nem sempre é viável prevenir todos os efeitos deletérios dos desastres, mas é factível diminuir bastante esses efeitos por meio da adoção de medidas que atuem sobre a ameaça do evento adverso ou sobre a vulnerabilidade dos cenários.

Segundo a Organização das Nações Unidas (ONU), por meio da Estratégia Internacional para Redução de Desastres (Eird), a *mitigação* compreende

> *La disminución o la limitación de los impactos adversos de las amenazas y los desastres afines. [...] A menudo, no se pueden prevenir en su totalidad todos los impactos adversos de las amenazas, pero se pueden disminuir considerablemente su escala y severidad mediante diversas estrategias y acciones.** (UNISDR, 2009)

O raciocínio apresentado demonstra que, para a ONU, a mitigação tem basicamente o mesmo sentido que a doutrina brasileira adota: diminuição do risco de desastre.

Utilizaremos a mesma situação do exemplo da prevenção: no caso de uma comunidade com residências no pé de um morro com risco de deslizamento, de que maneira é possível diminuir o risco do desastre? São várias as ações viáveis, diferentemente da prevenção, que deixa apenas uma alternativa: a realocação das famílias, removendo-as da área de risco. Assim, se for tecnicamente avaliado que é possível a convivência das famílias com o risco, as medidas serão voltadas a possibilitar tal convivência e, basicamente, consistirão em:

---

* "A diminuição ou a limitação dos impactos adversos das ameaças e dos desastres relacionados. [...] Muitas vezes não podem ser prevenidos em sua totalidade todos os impactos adversos das ameaças, contudo seu nível e sua severidade podem ser diminuídos consideravelmente por meio de diversas estratégias e ações". [tradução nossa]

- » estudo que determine os índices de chuva necessária para que o deslizamento ocorra;
- » estabelecimento de níveis de atenção, alerta (preparação para possível saída das residências) e alarme (saída imediata das residências);
- » sistema de monitoramento de eventos meteorológicos severos capazes de desencadear o processo de movimentação de massa;
- » sistema de alerta e de alarme para aviso às famílias, considerando os níveis de atenção, de alerta e de alarme definidos;
- » preparação de abrigos públicos provisórios para recebimento das famílias evacuadas da área de risco;
- » elaboração de plano de contingência para a área considerada, constando dele o plano de evacuação da comunidade;
- » difusão do plano para a comunidade, bem como sua cientificação sobre a existência e o funcionamento do sistema de alerta e alarme;
- » treinamentos periódicos da comunidade sobre o plano de contingência e o plano de evacuação, a fim de que as pessoas respondam de maneira adequada no caso de acionamento do sistema de alerta e alarme;
- » simulações periódicas do plano de evacuação, no mínimo uma vez por ano.

A convivência com o risco exige uma série de ações que, mesmo sendo bem planejadas e executadas conforme o planejamento, ainda apresentam o risco de o desastre ocorrer sob circunstâncias diversas daquelas estudadas e que serviram de base para todo o planejamento de evacuação. As medidas desenvolvidas para a convivência com o risco não garantem total segurança à comunidade, e isso deve ficar bem claro para o gestor de proteção e defesa civil e, principalmente, para a comunidade.

> Questão para reflexão
>
> 1) Realizando uma comparação entre as ações de prevenção e de mitigação, qual delas parece ser mais factível e aplicável ao caso concreto da realidade dos municípios brasileiros?

5.3 Preparação

No ciclo das ações globais de proteção e defesa civil, o momento que antecede o desastre requer ações preparatórias para o caso de ele se concretizar, visando responder adequadamente a ele e realizar a recuperação da forma mais eficiente e eficaz possível. No *Glossário de defesa civil*, Castro (2007, p. 145) refere-se à preparação para desastre como:

> *Conjunto de ações desenvolvidas pela comunidade e pelas instituições governamentais e não governamentais, para minimizar os efeitos dos desastres, através da difusão de conhecimentos científicos e tecnológicos e da formação e capacitação de recursos humanos para garantir a minimização de riscos de desastres e a otimização das ações de resposta aos desastres e de reconstrução.*

A Administração municipal é a que sente em primeira mão os efeitos do desastre quando ele ocorre, devendo rapidamente implementar atividades de resposta visando minimizar seus efeitos. Para que isso seja possível ao gestor municipal de proteção e defesa civil, ações voltadas à preparação para os desastres devem ter sido desenvolvidas antes de eles acontecerem, pois, se isso não ocorrer com anterioridade, no momento em que a resposta ao desastre for necessária e o município não estiver minimamente preparado para respondê-la, um caos será instalado.

Normalmente, mesmo havendo a preparação para o enfrentamento do desastre, se ele ocorrer com alta intensidade, a dificuldade para seu enfrentamento já será naturalmente grande. Se não houver essa preparação, os obstáculos serão muito maiores, pois não haverá articulação interinstitucional municipal voltada ao enfrentamento dos desastres, nem conhecimento dos recursos do município que podem ser empregados na resposta e na recuperação dos efeitos desses eventos. Nesse contexto, a gestão do desastre será realizada aleatoriamente, sem um modelo e uma organização predefinidos de gestão, e a população sofrerá ainda mais os efeitos do desastre pela não preparação do município em enfrentá-lo de forma minimamente adequada.

De outra parte, os estados e a União devem estar preparados para realizar o apoio aos municípios no enfrentamento aos desastres, com atividades prévias no momento da normalidade visando a esse apoio quando os desastres forem de níveis que comprovadamente extrapolem a capacidade municipal de responder a eles e de se recuperar de seus efeitos. Os estados e a União também podem apoiar os municípios com recursos previamente pensados para os desastres, normalmente sob a coordenação do órgão gestor de proteção e defesa civil ou por meio da articulação entre as secretarias de governo na esfera estadual ou dos ministérios do Governo Federal. Esse apoio ainda pode ser prestado por organizações não governamentais, sociedades civis organizadas, grupos de voluntários e, até mesmo, por voluntários individuais, compondo as ações de resposta aos desastres desde que devidamente articulados e preparados para isso. Toda essa **articulação interinstitucional** deve ser capitaneada pelos órgãos gestores de proteção e defesa civil municipais, do Distrito Federal, estaduais e federais, cada um cuidando de sua esfera de competência e, havendo a necessidade de integração, devem ter a capacidade de trabalhar em conjunto.

Os entes federados podem criar um Programa de Preparação para os Desastres, o qual reclama algumas ações, como: atualização da legislação que trate aspectos relacionados aos desastres; preparação de recursos humanos para a resposta a desastres; interação com a comunidade; levantamento e caracterização das áreas de risco; elaboração de planos de contingência para os cenários de risco; educação e treinamento das populações vulneráveis; planejamento e organização da gestão de desastres; e medidas de coordenação das operações e da logística para resposta aos desastres.

A Lei n. 12.608/2012, traz, em seu art. 8º, as atribuições dos municípios em relação à proteção e defesa civil, cuja leitura relembra que a Administração municipal é a primeira que sofre com o impacto de um desastre. Portanto, deve estar bem preparada para realizar o enfrentamento da crise tanto em seu momento mais agudo quanto posteriormente, garantindo que serão desenvolvidas ações eficientes, eficazes e bem coordenadas a favor da população atingida.

5.4 Resposta

Ocorrendo o desastre, as ações de resposta devem imediatamente ser iniciadas, a fim de que a neutralização da situação ocorra o mais precocemente possível. Uma resposta tardia acarreta um aumento dos danos e dos prejuízos, tornando a recuperação mais difícil e mais onerosa. As ações de resposta compreendem "atividades de socorro e de assistência às populações vitimadas e de reabilitação do cenário do desastre, objetivando o restabelecimento das condições de normalidade" (Castro, 2007, p. 160).

As atividades compreendidas por essa ação global de proteção e defesa civil precisam ser planejadas, devendo constar de planos de contingência, que são destinados a prever as atividades a serem desenvolvidas, como e por quem serão realizadas quando da ocorrência de um desastre em determinada localidade.

5.4.1 Plano de contingência

As ações de resposta devem constar de um planejamento específico denominado *plano de contingência*, que se destina a prever tudo que deve ser realizado no momento da resposta a um desastre. A confecção dos planos de contingência deve acontecer na fase que compreende a ação global de preparação e que antecede a ocorrência do desastre. Todavia, optamos por realizar a abordagem do plano de contingência na ação de resposta, visto que referido plano trata das atividades contidas nessa ação global.

Os desastres de evolução súbita são os que proporcionam menor espaço de tempo para o gestor de proteção e defesa civil organizar a resposta, dificultando sobremaneira a tomada de decisão. Havendo um planejamento prévio de ações a serem executadas no momento de um desastre, menos penoso será ao gestor realizar sua administração. O plano de contingência deve ser elaborado em um momento de normalidade, considerando-se a **hipótese de desastre**, isto é, imagina-se uma possibilidade de desastre em determinado cenário de risco e, a partir disso, quais soluções imediatas seriam necessárias para responder a essa hipótese de desastre, compreendendo as atividades de socorro, de assistência às populações afetadas e de reabilitação do cenário afetado.

Sem um planejamento do que deve ser feito diante de um desastre, no momento em que ele ocorrer os responsáveis pela gestão local das ações de proteção e defesa civil terão muito mais dificuldade para realizar o enfrentamento de seus efeitos. O plano deve contemplar a atuação articulada de todos os segmentos do governo municipal e das organizações não governamentais, bem como da sociedade civil organizada, dos clubes de serviço, dos grupos de voluntários e dos próprios voluntários individuais. A atuação de cada um desses atores deve ser acordada entre o gestor municipal de proteção e defesa civil e, logicamente, não basta a ele e à defesa civil simplesmente elaborarem o planejamento de contingência e guardá-lo. Ele deve ser divulgado a todos os participantes do plano e à própria população, devendo também ser tema minimamente anual de revisões e de simulações de mesa e de campo.

O plano de contingência pode ser elaborado de modo mais específico, para atender a uma hipótese de desastre em determinado cenário vulnerável, ou ser idealizado com vistas a atender, de modo genérico, a diversas hipóteses de desastre em diferentes cenários de risco, o que não propiciará condições para um maior nível de detalhamento como os planos de contingência específicos proporcionam.

▌ Elaboração de plano de contingência
Para a elaboração de um plano de contingência, há uma sequência lógica de ações que devem ser desenvolvidas. A seguir, apresentamos um conjunto ordenado de passos que têm o objetivo de apoiar a confecção desse tipo de plano.

 a. **Composição de grupo responsável pelo planejamento** – O grupo deve ser composto por pessoal técnico, autoridades que tenham conhecimento acerca de planejamento e de responsabilidades concernentes aos desastres, assim como representantes das comunidades da área de risco. No mínimo, esses representantes devem ser consultados sobre questões cabíveis que constarão do planejamento e o grupo deve contar com um coordenador, indicado como representante da Coordenadoria Municipal de Proteção e Defesa Civil (Compdec) para atuar nessa função.

 b. **Definição da hipótese de desastre** – Antes de iniciar a previsão de como deve se dar a resposta ao desastre, é preciso definir a situação de desastre para a qual o plano será aplicável. Para tanto, é importante que se relacionem as áreas do município onde foram registrados desastres, bem como aquelas consideradas mais suscetíveis à ocorrência destes. Feita a relação, as áreas devem ser hierarquizadas, considerando-se aspectos relativos às ameaças e às vulnerabilidades, que são as duas componentes do risco que devem ser avaliadas, caracterizando o risco de cada área listada. Com relação à caracterização dos riscos, devem ser levantadas questões como a quantidade de pessoas que podem ser atingidas por desastres em cada área e a gravidade com que essas populações podem ser atingidas; por exemplo, um deslizamento traz mais riscos de morte às pessoas do que alagamentos, portanto, via de regra, os danos causados pelos deslizamentos são mais graves do que os danos causados por alagamentos, que, na maioria das vezes, restringem-se a danos materiais. Feita a hierarquização da área em que podem resultar os danos mais graves para a área com possibilidade de danos menos graves, selecionam-se aquelas áreas com maior potencial de danos severos para que sejam palco dos primeiros planos de contingência.

c. **Detalhamento dos riscos** – Selecionada a situação para a qual será desenvolvido o plano de contingência, os riscos inicialmente caracterizados devem ser detalhados quanto à ameaça do evento adverso potencial causador do desastre e às vulnerabilidades do cenário receptor. Quando o evento adverso atingir o cenário vulnerável, surgirão hipóteses de problemas que devem ser trabalhadas pelas ações contidas no plano de contingência. Por exemplo, no caso de uma enxurrada que atinja uma área habitada, há a possibilidade de pessoas ficarem ilhadas, o que gera risco às vidas – as pessoas ilhadas com risco de morte constituem o problema, que, com certeza, não será o único.

d. **Definição das ações amplas do plano** – Definidos os problemas advindos da incidência do evento adverso sobre o cenário vulnerável selecionado, o plano de contingência deverá apresentar um detalhamento das ações de socorro, de assistência às pessoas e de reabilitação do cenário para cada hipótese de problema listado. Para chegar a esse detalhamento, deve-se, inicialmente, apontar ações amplas para, em uma próxima fase, detalhá-las. Na fase de definição das ações amplas, a pergunta norteadora é: "O que deve ser feito?". Por exemplo, na situação de pessoas ilhadas por uma enxurrada com risco às vidas, como resposta à pergunta "O que deve ser feito com essas pessoas ilhadas?" **duas ações amplas de socorro** podem ser apontadas:

1. Deve-se salvar alguma pessoa que possa ser levada pelas águas, cujo enunciado poderia ser: "salvamento de pessoa levada pela enxurrada".
2. Deve-se retirar rapidamente as pessoas ilhadas da situação de risco, que poderia ter como enunciado: "retirada de pessoas ilhadas pela enxurrada".

Outros detalhes a respeito de cada uma dessas ações amplas exemplificadas deverão ser planejados na próxima fase de elaboração do plano de contingência. Assim, nessa fase, a preocupação deve ser listar todas as ações macro que devem ser realizadas.

e. **Definição das ações detalhadas do plano** – Enumerando-se as ações amplas do plano, elas deverão ser detalhadas, procurando definir o que deve ser feito, elencando todos os passos necessários, quem deve realizá-los, quem será o responsável pelo desenvolvimento de cada ação, quando cada ação deverá ser realizada, definindo-se as condições que determinarão o momento e a maneira como será desencadeada cada ação e, finalmente, como deve ser realizada a ação. Em suma, as perguntas: "O que deve ser feito?", "Quem deve fazer?", "Quando deve fazer?" e "Como deve ser feito?" são a chave para a definição detalhada das ações. Utilizaremos a primeira das duas ações amplas enumeradas no item anterior para exemplificar um breve detalhamento de como poderiam ser respondidas as perguntas propostas:

Ação ampla: salvamento de pessoa levada pela enxurrada

» O que deve ser feito?
  » Deve-se realizar o salvamento de pessoa que esteja sendo levada pelas águas da enxurrada.
» Quem deve fazer?
  » Duas guarnições, cada uma com quatro especialistas do Corpo de Bombeiros Militar em salvamento em águas rápidas.
  » Uma ou mais guarnições de socorristas com ambulância equipada para realizar todos os procedimentos necessários em caso de afogamento e de ferimentos causados pela enxurrada.
» Quando deve fazer?
  » Tão logo a pessoa tenha caído ou sido levada pelas águas, as guarnições devem trabalhar para retirá-la.
» Como deve ser feito?
  » As guarnições devem ser formadas exclusivamente por especialistas em águas rápidas.
  » Todo o pessoal deve dispor do equipamento específico para salvamento em águas rápidas.
  » As guarnições devem se posicionar à jusante do local onde as pessoas estão ilhadas, em duas linhas distintas, devendo a segunda linha se posicionar 100 metros à jusante da primeira linha.
  » Se alguma pessoa for levada pelas águas, a primeira linha de salvamento deverá abordar a vítima e retirá-la da água.

> » Se a primeira linha não obtiver sucesso, a segunda linha o fará, e a guarnição da primeira linha embarcará rapidamente na viatura para, em caso de a segunda linha também não ter sucesso no salvamento, posicionar-se em local à jusante da segunda linha a fim de realizar o salvamento.
> » O mesmo procedimento será adotado pela segunda linha caso também não consiga realizar o salvamento.
> » Uma vez retirada a pessoa da água, deverá ser atendida pelos socorristas seguindo os protocolos de atendimento pré-hospitalar vigentes.

Cada ação ampla apontada na fase anterior deve ser detalhada, preferencialmente pelo órgão ou pela entidade responsável por realizá-la. Cabe ao grupo responsável pelo planejamento verificar se as ações amplas e as detalhadas denotam ser eficientes e eficazes, solicitando eventuais complementos, se necessário.

f. **Cadastramento de recursos** – Para as ações de resposta aos desastres são requeridos recursos de forma imediata. Com os recursos devidamente organizados e cadastrados, seu acionamento e sua utilização são acelerados, o que enseja maior eficiência nas ações de socorro, de assistência às vítimas e de reabilitação dos cenários. De outro modo, não havendo cadastramento prévio dos recursos existentes no município nem conhecimento se determinado recurso necessário existe ou não no município, é necessário saber quem é competente para acionar tal recurso, qual é o número de telefone para solicitar o recurso, entre outras informações. O gestor municipal de proteção e defesa civil terá de realizar esse levantamento de informações durante a resposta ao desastre, tarefa que será muito mais penosa e difícil em período de anormalidade. Os recursos que podem ser cadastrados são:

» veículos – relacionar os tipos de veículos que podem ser utilizados em um desastre, como 4 × 4, ônibus, embarcações, retroescavadeiras, tratores, caminhões;

» materiais – relacionar os materiais estruturais (lonas, telhas), de assistência humanitária (cesta básica, colchões, cobertores);

» recursos humanos – relacionar pessoas que possam auxiliar nas ações de resposta, como médicos, psicólogos, veterinários, engenheiros;

» voluntários – relacionar preferencialmente os grupos voluntários que já têm liderança estabelecida, o que facilita a organização do apoio prestado. Normalmente, os voluntários auxiliam no momento do desastre, separando donativos e desenvolvendo atividades nos abrigos públicos. Grupos de jipeiros, de comunidades cristãs e organizações não governamentais (ONGs), em geral, dispõem-se a apoiar as atividades que precisam ser executadas por ocasião de um desastre.

g. **Cadastro de abrigos** – O cadastramento prévio de abrigos é uma iniciativa muito importante, pois, ao contrário do que se pensa, são locais que devem apresentar algumas características mínimas para ser utilizados como abrigos públicos provisórios. Deve-se saber qual é a capacidade de cada abrigo com base na quantidade de água que pode ser armazenada em reservatório, de banheiros masculinos e femininos e de chuveiros, na existência de cozinha equipada ou não, na capacidade do local para realização de refeições etc. Cada abrigo deve ter duas ou três pessoas responsáveis que possam ser acionadas para abri-lo e apoiar minimamente sua administração inicial, lembrando que esses locais também são de responsabilidade do órgão gestor municipal de proteção e defesa civil.

h. **Monitoramento das ameaças** – O plano de contingência poderá ser acionado no momento em que a ameaça de evento adverso demonstrar que o desastre ocorrerá ou quando o desastre efetivamente ocorrer. Para que a primeira hipótese seja possível, deve haver um sistema de monitoramento das ameaças, que pode ser operacionalizado por órgão destinado a realizar esse tipo de trabalho, como monitoramento de eventos meteorológicos severos, nível de rios sujeitos a extravasamento, condições de encostas suscetíveis a movimentos gravitacionais de massa, estabilidade de barragens, níveis de vazão de fluente de barragens etc. Na falta de órgão destinado ao monitoramento de ameaças, em alguns casos, esse trabalho pode ser adaptado de forma que a comunidade local, vulnerável a determinado tipo de risco, faça o monitoramento, informando ao gestor municipal de proteção e defesa civil as condições observadas. Independentemente de o monitoramento ser realizado por órgão especializado ou pela própria comunidade, devem ser determinados alguns níveis que indiquem a necessidade do desencadeamento de ações pelos órgãos componentes do sistema municipal de proteção e defesa civil, bem como pela comunidade que pode ser atingida pelo desastre. Isso significa que, se o evento adverso atingir determinado índice, deve ser observado e detectado e, por meio de um sistema de alerta e alarme, o gestor municipal de proteção e defesa civil deve ser cientificado, bem como as populações das áreas de risco, que constituem o principal foco de todas as ações de proteção e defesa civil.

i. **Sistema de alerta e alarme** – Sem dúvida alguma, o monitoramento e a detecção do evento adverso causador de desastre é uma tarefa essencial dos sistemas de proteção e defesa civil nacional, estaduais e municipais, independentemente dos métodos adotados. Contudo, ao atingir determinado índice crítico, as populações suscetíveis ao desastre devem ser informadas pelo gestor local de proteção e defesa civil de que está prestes a ocorrer, a fim de que possam desenvolver ações de autoproteção. Diante dessa necessidade, deve ser implementado um recurso denominado *sistema de alerta e alarme*, visando acionar e cientificar as populações da possibilidade de ocorrência do desastre. Como dito, há necessidade de que sejam determinados índices que indicarão o momento do desenvolvimento de determinadas ações, tanto pelo gestor municipal de proteção e defesa civil quanto pelas populações em risco. Por exemplo, imagine um rio que apresente suscetibilidade de sair de sua caixa de escoamento, com possibilidade clara de inundar determinada área de uma cidade: a defesa civil municipal deve avisar as populações que estão em área sujeita à inundação assim que ele atingir determinado nível crítico medido em régua fixada em local apropriado. Essas populações devem saber como responder ou como se comportar diante do aviso recebido e, para tanto, a defesa civil municipal deve cientificá-las no período de normalidade. Assim, algumas ações importantes para que o sistema de alerta e alarme funcione são: a determinação de índices críticos, a implementação do referido sistema; e o treinamento das populações suscetíveis ao desastre cuja ameaça será monitorada. Os índices críticos determinam quando as populações serão avisadas e quais ações serão requeridas, podendo ser estabelecidos, por exemplo, três níveis de criticidade:

1. **Índice de atenção** – A Compdec aciona o plano de chamada reunindo o pessoal para realizar os preparativos visando à gestão do desastre e à revisão das ações previstas no plano de contingência. Os gestores dos recursos de resposta ao desastre são avisados da situação para que iniciem a preparação para utilização caso a situação evolua negativamente. As populações das áreas de risco devem ser notificadas sobre o índice de atenção e orientadas a estarem de prontidão para novas informações.

2. **Índice de alerta** – A Compdec deve estar de prontidão para atuar caso seja dado o alarme de desastre. Os demais integrantes do plano de contingência são informados de que o plano pode ser acionado, devendo aguardar novas orientações, solicitando-se que se coloquem em condições de pronto emprego caso a situação evolua para o índice de alarme. As populações devem se preparar para abandonar as áreas de risco, levando consigo materiais para a possível saída do local, como muda de roupa, *kit* com medicamentos, materiais de higiene pessoal e documentos, além de levantar móveis e alimentos, soltar os animais etc.

3. **Índice de alarme:** a Compdec deve iniciar as atividades de gestão do desastre propriamente dito, emitindo o alarme para as populações das áreas de risco, orientando-as a sair e dirigir-se para casas de parentes ou amigos ou para o abrigo público provisório. O abrigo público deve ser aberto e estar em condições

de receber as pessoas que abandonarão as áreas de risco. Os órgãos e as entidades constantes do plano de contingência devem ser avisadas da emissão do alarme e orientadas de que serão acionados de acordo com as situações que passem a se configurar em virtude do desastre, caso ele realmente ocorra. As populações que receberem o alarme devem abandonar as residências de imediato, trancando janelas e portas, desligando a água, o gás e a chave geral de energia elétrica, levando consigo a bagagem previamente preparada com seus pertences.

Essas são apenas algumas ideias que podem ser desenvolvidas e detalhadas por ocasião da elaboração do plano de contingência. Lembramos que tanto os órgãos e as entidades participantes do plano quanto as populações das áreas de risco devem passar por treinamentos rotineiros para que respondam adequadamente aos avisos de atenção, alerta e alarme.

j. **Acionamento do plano** – Devem ser estabelecidos critérios para o acionamento do plano de contingências, a fim de que não seja iniciado de maneira recorrente e sem uma motivação adequada, o que geraria descrédito acerca de sua eficiência. As condicionantes de acionamento devem, portanto, ser planejadas de acordo com a situação de fato, tomando-se o cuidado para que os critérios ou índices que indiquem o acionamento sejam realmente cabíveis, visando que não sejam os órgãos e as entidades participantes do plano acionados e deixados em prontidão sem que seja realmente necessário.

k. **Gabinete gestor do desastre** – Por ocasião do acionamento do plano de contingência, deve ser composto o

Gabinete Gestor do Desastre, estabelecido em um local designado como Posto de Comando, com a participação de representantes de órgãos e entidades que tomarão as decisões para organizar a resposta ao desastre. O acionamento, a organização e a composição desse gabinete devem ser cuidadosamente pensados para que suas atividades sejam realmente produtivas. Trataremos das questões atinentes à gestão do desastre adiante, quando abordarmos o Sistema de Comando de Incidentes (SCI) – método a ser utilizado para a administração dos desastres.

l. **Definição das áreas do SCI** – Considerando a hipótese de desastre para o cenário vulnerável determinado, o plano de contingência deve conter informações a respeito das áreas destinadas às estruturas do SCI.

m. **Desmobilização** – Devem-se definir critérios para a desmobilização de recursos e como deve ocorrer, seguindo-se um protocolo bem definido, a fim de garantir que um recurso só será desmobilizado quando realmente não couber qualquer outro emprego possível no desastre. O Gabinete Gestor deve ter exata ciência das condições do recurso no momento de sua desmobilização e o recurso deve retornar exatamente para o órgão ou a entidade de origem. Muitas vezes, a fase da desmobilização é relegada a segundo plano, contudo, constitui-se em importante fase, que requer ações bem definidas para evitar dissabores no momento de finalização da resposta aos desastres.

n. **Manutenção do plano (Anexo)** – Documento anexo ao plano de contingência que definirá detalhes a respeito de:
   » Validação – Garante a conformidade do Plano em relação à legislação pertinente, bem como aos procedimentos

previstos para cada órgão e entidade com responsabilidade por sua implementação.

» Aprovações – O plano de contingência deve receber aprovação das agências e dos órgãos envolvidos. Para tanto, deve-se providenciar uma lista de assinaturas para que os responsáveis legais pelos órgãos e pelas entidades participantes do plano expressem o conhecimento de seu conteúdo e a concordância com as informações nele contidas, comprometendo-se a desenvolver aquelas previstas.

» Divulgação – Detalhamento de como o plano de contingência será divulgado aos órgãos e às entidades participantes e às populações das áreas de risco consideradas, podendo ser palestras, treinamentos, *workshops*, entre outros métodos, e com qual frequência serão desenvolvidas essas atividades de divulgação do plano.

» Teste do plano – o plano de contingência precisa ser testado e, para tanto, devem ser realizadas simulações totais ou parciais tanto em campo quanto em simulações de mesa. As simulações de campo testam muito bem questões operacionais, e as simulações de mesa, as questões de gestão. Ambas devem envolver os órgãos e as entidades responsáveis participantes, procurando testar tudo o que está previsto no documento.

Por fim, ressaltamos que o plano de contingência deve se tornar um documento vivo e dinâmico, que deve passar por revisões minimamente anuais e estar sujeito a um processo de constante aperfeiçoamento para torná-lo cada vez mais operacional. Apresentamos aqui apenas ideias básicas sobre os planejamentos contingenciais, mas que poderão servir como norte para um profissional iniciar o trabalho de desenvolvimento desses planos.

5.4.2 Categorias de atividades de resposta a desastres

A ação de resposta aos desastres subdivide-se em três atividades distintas, que podem ocorrer simultaneamente ou não, de acordo com as particularidades que o desastre apresente.

■ Atividades de socorro

As atividades de socorro são destinadas a socorrer, salvar ou tirar de situação de risco pessoas, semoventes e bens, colocando-os em segurança. O socorro deve ser prestado por equipe especializada com capacitação para realizar esse tipo de atividade com segurança. Em locais onde não haja pessoal especializado, como bombeiros, socorristas e policiais militares, o socorro imediato acaba sendo prestado por pessoas que se dispõem a realizá-lo, o que pode gerar mais situações de risco, uma vez que pessoas não habilitadas e sem equipamentos adequados estão mais expostas a acidentes. Assim, nos municípios em que há risco de ocorrência de desastres que requeiram a atuação de pessoal especializado em operações de socorro público, mas não dispõem, por exemplo, de Corpo de Bombeiros Militar, o gestor municipal de proteção e defesa civil tem o desafio de desenvolver uma estratégia municipal de primeiro atendimento emergencial visando à execução das ações de socorro para desastres. Nos municípios que contam com Corpo de Bombeiros Militar, essas corporações são tecnicamente preparadas e possuem equipamentos adequados para a realização das ações de socorro, mas, eventualmente, necessitam de complemento, principalmente de veículos e equipamentos, como tratores, escavadeiras, motosserras.

O Estado do Paraná desenvolveu o programa **Bombeiro Comunitário**. A implantação desse programa resultava da parceria mediante convênio entre o governo estadual e os municípios que não dispunham de Corpo de Bombeiros Militar, a fim de prover uma primeira resposta em municípios que apresentassem condições mínimas de manter a estrutura de um Bombeiro Comunitário. O governo estadual fornecia o caminhão de combate a incêndios, os primeiros equipamentos, o uniforme e o treinamento continuado para os agentes de defesa civil*, além de um militar do Corpo de Bombeiros para realizar a gestão do posto de bombeiro comunitário. O município deveria arcar com os custos de manutenção de toda a estrutura do Bombeiro Comunitário, disponibilizar o pessoal para ser selecionado e treinado pelo Corpo de Bombeiros Militar e arcar com os custos do financiamento** para construção do Posto de Bombeiro Comunitário.***

▎ Atividades de assistência a populações vitimadas

As atividades de assistência tendem a prover os recursos necessários para garantir condições de incolumidade aos atingidos pelo desastre, como o

> *fornecimento de água potável, a provisão e meios de preparação de alimentos, o suprimento de material de abrigamento, de vestuário, de limpeza e de higiene pessoal,*

---

* Designação atribuída ao pessoal destinado pela prefeitura municipal para atuar operacionalmente no programa Bombeiro Comunitário.
** O financiamento era realizado por uma linha especial de crédito da Agência de Fomento da Secretaria de Estado de Desenvolvimento Urbano.
*** Para saber mais sobre o programa, acesse o *site* da Defesa Civil do Paraná (Paraná, 2018a).

> *a instalação de lavanderias, banheiros, o apoio logístico às equipes empenhadas no desenvolvimento dessas ações, a atenção integral à saúde, ao manejo de mortos.*
> (UFSC, 2014, p. 29)

As famílias atingidas pelos desastres de maior intensidade têm, em geral, menor poder aquisitivo, o que dificulta o desenvolvimento de qualquer ação pela própria família. Assim, é importante que o Poder Público apoie essas pessoas, garantindo-lhes um mínimo necessário à sobrevivência pós-desastres, sempre com vistas à requerida dignidade da pessoa.

■ Reabilitação de cenários

Os cenários atingidos pelos desastres precisam de ações que os tornem novamente "utilizáveis" no mais curto espaço de tempo logo após o desastre, a fim de que as pessoas possam voltar a desenvolver suas atividades rotineiras e retomar a vida:

> *Tem por finalidade iniciar a restauração da área afetada, para permitir o retorno dos moradores desalojados. Visa tornar a região novamente habitável, mediante providências que restabeleçam as condições de sobrevivência segura, embora não confortável, dos desabrigados. Compreende a descontaminação, limpeza, desinfecção, neutralização de poluentes e controle de surtos epidêmicos, bem como a desobstrução e remoção de escombros e as vistorias para a avaliação dos danos provocados.*
> (Castro, 2007, p. 155)

Além do que foi apontado no *Glossário de defesa civil* por Castro (2007), a reabilitação dos cenários compreende a reabilitação dos serviços considerados essenciais para a população, como segurança pública, saneamento básico e disponibilização de água potável, remoção de lixo, canalização e tratamento de esgoto, limpeza pública de ruas, coleta e destinação de resíduos orgânicos e materiais, entre outras medidas de saúde pública e de apoio social. Essas ações devem garantir melhores condições de saúde para a população, procurando evitar a proliferação de doenças e buscando o retorno das comunidades atingidas pelo desastre às atividades cotidianas.

5.5 Recuperação

A fase de recuperação começa tão logo a fase de resposta é concluída, podendo ser iniciada antes mesmo de as ações da fase de resposta estarem completamente findadas. A recuperação visa reconstruir e recuperar os cenários atingidos pelo desastre, tornando-os novamente habitáveis e utilizáveis pelas comunidades, a fim de que as pessoas possam voltar aos locais para residir e trabalhar.

A recuperação abarca as atividades de "restauración y el mejoramiento, cuando sea necesario, de los plantales, instalaciones, medios de sustento y condiciones de vida de las comunidades afectadas por los desastres, lo que incluye esfuerzos para reducir los factores del riesgo de desastres"* (UNISDR, 2009). É desejável que as atividades de recuperação dos cenários atingidos por desastres tenham por base estratégias e políticas definidas anteriormente ao desastre, o que facilita o estabelecimento de responsabilidades institucionais. Definir essas responsabilidades somente no momento em que as atividades

---

* "restauração e melhoria, quando necessário, das escolas, instalações, meios de subsistência e condições de vida das comunidades afetadas pelos desastres, incluindo esforços para reduzir os fatores de risco de desastres" [tradução nossa]

da fase de recuperação devem ser desenvolvidas acaba dificultando todo o processo, atrasando a tomada de decisão e a atribuição das responsabilidades aos órgãos e às entidades que deveriam executá-las.

Todas as ações de recuperação devem ser muito bem planejadas, visando sempre à execução das medidas necessárias, com base em dois importantes princípios:

1. As medidas devem ser tendentes a reduzir o risco de desastres.
2. Reconstruir melhor, ou seja, a estrutura danificada ou destruída deve ser recuperada de maneira que seja mais resistente a um novo evento adverso de mesma magnitude que aquele que causou o desastre.

Para que uma estrutura seja recuperada, deve-se considerar a questão de sua localização ser ou não em uma área de risco. Se em área de risco, deve ser preferencialmente realocada para que seja reconstruída em local seguro. Contudo, havendo a possibilidade de convivência com o risco, tal situação deve ser avaliada para que se defina o cabimento ou não dessa medida, em razão da necessária implementação dos meios que garantam uma convivência minimamente segura com o risco.

Síntese

Os órgãos gestores de proteção e defesa civil orientam suas ações de acordo com as necessidades apresentadas pelas situações fáticas, buscando a redução dos desastres. Para isso, há uma direção estabelecida pela doutrina, a qual, se colocada em prática, apoiará os gestores nessa busca: as ações globais de proteção e defesa civil (prevenção, mitigação, preparação, resposta e recuperação), que, em seus desdobramentos, indicam uma série de importantes medidas a serem tomadas antes, durante e após a ocorrência de desastres.

Para saber mais

Acesse o *site* da Coordenadoria Estadual de Proteção e Defesa Civil do Paraná e confira a minuta do plano de contingência da cidade de Morretes (PR). Pode-se observar que o plano não está completo, mas seu sumário revela uma boa ideia do conteúdo destinado a várias hipóteses de desastre (inundações, alagamentos e deslizamentos), sendo, portanto, um plano genérico.

> PARANÁ. Defesa Civil. **Plano de contingência municipal de proteção e defesa civil**: Morretes, 8 jan. 2013.
> Disponível em: <http://www.defesacivil.pr.gov.br/arquivos/File/modeloplanconmorretes.pdf>. Acesso em: 15 jan. 2018.

Questões para revisão

1) Cite as cinco ações globais de proteção e defesa civil e caracterize os respectivos objetivos principais de maneira bem sucinta.
2) Disserte sobre a importância do plano de contingência.
3) São atividades de assistência às populações afetadas por um desastre:
   a. Fornecimento de água potável, provisão e meios de preparação de alimentos, suprimento de material de higiene e limpeza e de vestuário, instalação de

barracas e latrinas, apoio logístico às equipes empenhadas no desenvolvimento dessas ações, atenção integral à saúde e ao manejo de mortos.
b. Fornecimento de água potável, provisão e meios de preparação de alimentos, suprimento de material de abrigamento, de vestuário, de limpeza e de higiene pessoal, instalação de lavanderias e de banheiros, apoio logístico às equipes empenhadas no desenvolvimento dessas ações, atenção integral à saúde e ao manejo de mortos.
c. Designação de pessoal para conversar com as vítimas e confortá-las, distribuição de leite e água potável, disponibilidade de abrigo para toda a população atingida, suprimento de necessidades de vestuário, de limpeza e de higiene pessoal, instalação de lavanderias e de banheiros, apoio logístico às equipes empenhadas no desenvolvimento dessas ações, atenção integral à saúde e ao manejo de mortos.
d. Apoio incondicional aos atingidos, independentemente de classe social, pois a Administração Pública deve atender a todos de igual maneira, não importando se quem receberá cestas básicas será uma família carente ou não.

4) Com relação às ações de mitigação, é correto afirmar:
   a. Para a convivência com o risco, basta que as populações sejam cientificadas de que estão em uma área de risco.
   b. A instalação de sirenes de sistema de alerta e alarme garante a saída segura de toda a população da área de risco em caso de necessidade.
   c. A convivência com o risco requer a implantação e a operacionalização de uma série de medidas complexas,

que, mesmo implementadas em sua integralidade, não garantem a segurança contra danos humanos.
    d. A realocação de toda uma comunidade de uma área de risco é uma ação de mitigação.
5) Quanto às ações de recuperação, é correto afirmar:
    a. As medidas devem ser tendentes a reduzir o risco de desastres.
    b. A reconstrução deve sempre obedecer ao projeto original, garantindo que a estrutura reconstruída fique exatamente igual a como era antes do desastre.
    c. A fase de recuperação inicia-se antes mesmo das ações de socorro.
    d. As ações de recuperação devem ser rapidamente implementadas, mesmo que não tenham sido bem planejadas.

VI

Risco de desastre

Conteúdos do capítulo:

» Percepção de risco.
» Uso e ocupação inadequados do solo.
» Componentes do risco de desastre.

Após o estudo deste capítulo, você será capaz de:

1. discorrer sobre o significado técnico de risco de desastre;
2. abordar aspectos do risco de desastre relacionados ao uso e à ocupação do solo;
3. apontar ações para áreas de risco ocupadas e áreas com potencial de risco não ocupadas;
4. evidenciar e apresentar os componentes do risco de desastre.

Antes de procurarmos o significado de *risco de desastre*, entenderemos o que significa o termo *risco*. No *Dicionário Houaiss*, encontramos:

> **risco**
> **substantivo masculino**
> 1. *probabilidade de perigo, ger. com ameaça física para o homem e/ou para o meio ambiente ‹r. de vida› ‹r. de infecção› ‹r. de contaminação›*
> 2. *p.ext. probabilidade de insucesso, de malogro de determinada coisa, em função de acontecimento eventual, incerto, cuja ocorrência não depende exclusivamente da vontade dos interessados ‹o projeto está em r. de perder seu patrocínio›*
> 3. *JUR em contratos de seguro, incidente que acarreta indenização ‹r. de roubo› ‹r. de incêndio›*
> 4. *JUR responsabilidade ou encargo acerca da perda ou do dano por situação de risco.* (Risco, 2009, grifo do original)

Alguns desses significados interessam aos estudos de proteção e defesa civil. Podemos dizer que *risco* pode significar perigo e que algo ou alguém *em risco* encontra-se exposto a perigo.

Essa compreensão de risco foi desenvolvida ao longo da história. Todos nós, de forma inata, temos um sentimento de preservação de nossa incolumidade física, advindo de nosso instinto de sobrevivência e de preservação da espécie que é desenvolvido durante nosso crescimento, apurado com as experiências que vivemos e com conhecimentos que adquirimos durante toda a vida. Assim, a preocupação com a preservação da incolumidade física e da vida passaram cada vez mais a fazer parte da vida das pessoas e dos agrupamentos humanos.

O desenvolvimento da noção de *risco* atual ocorreu no século XX, por ocasião da Revolução Industrial, quando o homem passou a trabalhar em indústrias, exposto a perigos que o desenvolvimento tecnológico trouxe: "Com a sociedade industrial, tornou-se necessário garantir o controle dos riscos possíveis, criando-se um conjunto de normas disciplinares e técnicas para conter a ocorrência de acidentes. Passou-se a falar sobre análise, gestão e percepção de riscos" (UFSC, 2012, p. 3-4).

A noção de *risco* como exposição de algo ou alguém a perigo depende de como uma pessoa enxerga e compreende a situação perigosa. É possível que o perigo seja visto, mas não seja entendido como *perigo*, inviabilizando a compreensão do risco de tal situação.

Estudo de caso

No ano de 2007, foi desenvolvido em Foz do Iguaçu (PR) o Curso de Avaliação de Danos (Cadan), ministrado por integrantes da então Secretaria Nacional de Defesa Civil para o preenchimento dos formulários existentes à época, notadamente o formulário para avaliação de danos (Avadan). Na oportunidade, foi realizada uma visita a uma área ocupada irregularmente às margens do Rio M'Boicy para planejamento de um exercício de campo. Em uma casa a cerca de 40 metros do rio, em uma área de várzea, uma senhora que lá morava há 18 anos relatou que o rio nunca tinha chegado sequer próximo à escada de quatro ou cinco degraus que dava acesso à residência. No dia seguinte, por uma coincidência da natureza, houve uma chuva muito intensa na região e, em nova visita àquela área, a mesma casa estava somente com o telhado fora da água – às margens de um rio, em uma área de várzea, o perigo estava presente.

> *Contudo, mesmo o perigo estando presente, a moradora não acreditava que o rio pudesse chegar à casa, pois não compreendeu o perigo associado à possibilidade de ocorrência.*

Com base no estudo de caso apresentado, é possível corroborar a ideia de que:

> *O risco e a percepção de risco são resultados de construções sociais, tendo uma dimensão física, subjetiva e multidimensional. [...] O modo como as pessoas percebem os fatores de riscos e o quanto estão vulneráveis aos mesmos influencia os seus comportamentos de autocuidado e proteção, e na constituição de uma cultura de redução de riscos.* (UFSC, 2012, p. 5, 7)

Nesse mesmo sentido é o entendimento de Kuhnen (2009, p. 47), o qual assevera que

> *tanto o conteúdo como o processo da percepção de risco é de natureza social. Concluindo, pode-se dizer que não se trata de percepção psicofísica, mas percepção social já que se está tratando de juízos, atribuições, memória, emoção, motivação, categorização sobre o risco ou as distintas fontes de risco, sejam elas tecnológicas, ambientais ou sociais.*

No estudo de caso citado, que ocorreu em Foz do Iguaçu, foi possível verificar que a moradora não acreditava que o rio pudesse atingi-la, caso contrário não estaria morando naquele lugar. Ela enxergava o perigo, mas não acreditava que ele pudesse alcançá-la. Esse pensamento de que o incidente não ocorrerá é bastante comum e acaba por fazer que as pessoas fiquem mais sujeitas a serem atingidas pelos desastres.

Mesmo havendo o entendimento de que a percepção do risco é um resultado social, o profissional de segurança e o gestor de proteção e defesa civil não podem considerar o risco da mesma maneira que o cidadão comum; devem, sim, percebê-lo objetivamente, independentemente de quem o vê.

A percepção de risco é algo fundamental para que as pessoas possam, efetivamente, "sentir" o risco. O perigo deve ser visto e conhecido pelo agente receptor e sua possibilidade de concretização, de ocorrência, deve ser vislumbrada para que o agente consiga "imaginar" que a situação de fato gera o perigo e que, se submetida a certas condicionantes (evento adverso), poderá desencadear o processo que resultará no desastre.

6.1 Ação humana em desastres

É fato que a interferência humana no meio ambiente é inevitável e, mais do que isso, necessária, pois somente assim as condições para a sobrevivência são criadas, como moradia, alimentação, bem-estar e conforto. Contudo, essa interferência precisa ser conservacionista e sustentável, apresentando condições de se manter no transcurso do tempo sem gerar situação de escassez, sendo "importante que as nossas intervenções sejam compatíveis com a potencialidade dos recursos naturais, mas também considerando a sua fragilidade e os efeitos que retornam para a comunidade" (Amaral; Gutjahr, 2011, p. 73).

Figura 6.2 – Ocupação de margem de rio

Figura 6.3 – Desmatamento

Apresentamos, no Quadro 6.1 a seguir, uma relação exemplificativa de interferências humanas no meio físico e suas consequências.

Quadro 6.1 – Ações humanas e suas consequências

Ação antrópica	Consequências
Desmatamento Solo exposto Agricultura sem prática conservacionista	Erosão dos solos Perda de fertilidade de terras agricultáveis Assoreamento em corpos d'água e reservatórios, causando diminuição da capacidade útil
Impermeabilização Adensamento urbano Deficiências nos sistemas de drenagem Bueiros e galerias entupidas	Escoamento superficial concentrado Inundações bruscas Alagamentos
Acúmulo de lixo/entulho	Inundações Escorregamentos
Ocupação de áreas com declividades acentuadas, com intervenções de cortes e aterros	Escorregamentos
Ocupação em margens de cursos d'água	Inundações
Emissão de gases poluentes	Chuvas ácidas
Bombeamento excessivo de água do lençol freático	Colapsos Subsidências
Urbanização em praias Retirada de areia em grandes volumes	Erosão costeira

Fonte: Amaral; Gutjahr, 2012, p. 71.

O uso e a ocupação do solo são temas importantes para a questão do risco de desastres, uma vez que, existindo locais suscetíveis à ocorrência de deslizamentos, enxurradas e inundações, afundamentos cársticos*, entre outros eventos, ninguém deveria construir ou ocupar esses locais, visto que estariam colocando em risco a vida e a incolumidade física, sem contar os bens materiais. Contudo, repetidamente ocorrem ocupações ilegais, e até mesmo legais, dessas áreas.

Famílias com poder aquisitivo muito baixo, sem condições de pagar aluguel ou impossibilitadas de adquirir terrenos em áreas seguras a fim de construir residências, acabam sendo levadas a "invadir" áreas de alta suscetibilidade à ocorrência de desastres, como encostas de morros e áreas de várzea de rios. Encostas de morros são geologicamente muito perigosas, pois passam por processos naturais de acomodação que geram movimentos gravitacionais de massa.

> *Compreendem os movimentos gravitacionais responsáveis pela mobilização de partículas, sedimentos, solo ou rocha pela encosta abaixo. Entre os fatores condicionantes naturais, destacam-se: as características dos solos e rochas, o relevo, a vegetação, o clima, o nível d'água (lençol freático) e, obviamente, a gravidade.*
> *O processo pode ser natural ou induzido pelas interferências do homem no ambiente. O avanço das diversas formas de ocupação do solo em áreas naturalmente susceptíveis aos movimentos de massa acelera e amplia os processos de instabilização.* (Oliveira, 2010, p. 25)

Com a intervenção humana, por exemplo, realizando cortes no solo de encostas para criar condições de assentar uma residência, acentuando os fatores que contribuem para encharcamento

---

* São afundamentos do solo, em virtude do tipo de rocha existente, as rochas carbonáticas, as quais sofrem degradação com a ação da água da chuva e do gás carbônico, os quais, em conjunto, produzem uma fraca mistura ácida, mas suficiente para degradar esse tipo de rocha.

do solo e diminuindo, assim, sua coesão, aumenta-se a probabilidade da ocorrência de movimento de massa. Infelizmente, esse tipo de situação é uma constante em todos os estados brasileiros. Em municípios onde há elevações (morros) em área urbana, em quase todos há assentamentos urbanos, muitos deles autorizados pelo próprio Poder Público, pela falta de estudos voltados ao risco de desastres que antecedam a elaboração da legislação municipal que trata do uso e da ocupação do solo. Esse fato não se restringe apenas àqueles ligados à possibilidade de movimentos de massa, abrangendo também a possibilidade de ocorrência de inundações e enxurradas (inundações bruscas):

> *Outra questão que deve ser enfatizada é quanto à necessidade de respeitar e fazer respeitar, por meio de fiscalização, a legislação ambiental, uma vez que as áreas de preservação permanente (APPs), que abrangem as margens dos corpos d'água (rios, lagos, lagoas), as encostas íngremes e os topos de morros são naturalmente suscetíveis à inundação e escorregamentos, com potencial de se tornarem áreas de risco, ao serem ocupadas.* (Tominaga; Santoro; Amaral, 2009, p. 22)

Nesse contexto, é possível identificar duas situações nas áreas suscetíveis à ocorrência de eventos adversos, potenciais causadores de desastres: áreas já ocupadas e áreas ainda não ocupadas.

6.1.1 Áreas já ocupadas

A experiência mostra que o ideal seria que não houvesse ocupação de áreas suscetíveis a processos potenciais causadores de desastres, o que conduz à ponderação de que o ideal seria desocupar essas áreas, realocando as famílias para áreas seguras. Essa ação, entretanto, não é tão simples quanto parece, visto que, para realocar populações são necessários muitos recursos financeiros aliados ao fato de que, na esmagadora maioria das vezes, são famílias de baixíssima renda que não podem pagar por uma nova residência. Nesses casos, o Poder Público deveria arcar com todos os custos das realocações, o que implica, no caso de comunidades maiores, não somente a construção de moradias, mas também a implementação de toda a infraestrutura necessária para acesso à saúde, à educação, à segurança, ao transporte etc. nas proximidades do novo assentamento.

Outro fator a ser considerado é que as famílias, em geral, não querem ser realocadas, pois normalmente precisam se mudar para locais distantes das áreas centrais das cidades ou em que não há todas as comodidades ou os recursos disponíveis nas imediações de onde habitam.

Mesmo diante de todas essas adversidades, o ideal ainda seria a desocupação da área de risco. Nas áreas desocupadas, a Administração municipal deveria implementar ações que impedissem novas ocupações, como a construção de parques, complexos poliesportivos, bens municipais destinados ao uso comum ou especial do povo. Contudo, não sendo o risco tão alto que exija a inequívoca saída das famílias de determinada área, há a possibilidade da convivência com o risco, desde que uma série de medidas sejam implementadas visando garantir um nível aceitável de segurança. Para isso, todos têm de estar cientes de que, mesmo tomadas todas as medidas possíveis, o desastre pode ocorrer e gerar perdas, até mesmo humanas.

Sugere-se, ainda, que a construção de novas edificações ou de qualquer tipo de ampliação do uso e da ocupação dessas áreas deva ser vedada pelo Poder Público, evitando o acréscimo de vulnerabilidade e o consequente aumento do risco, uma vez que este é resultado da associação entre ameaça e vulnerabilidade. Veja mais detalhes sobre a possibilidade de convivência com o risco no Capítulo 5, Seção 5.2, que trata sobre a segunda ação global de proteção e defesa civil: a mitigação.

> Questões para reflexão
>
> 1) Qual é o procedimento mais adequado para retirar famílias de áreas de risco, considerando a hipótese de elas não concordarem em deixar o local?
>
> 2) Em realocação de uma comunidade para outra área residencial especialmente preparada para recebê-la, qual é a estrutura necessária para atender às demandas das famílias?

6.1.2 Áreas ainda não ocupadas

As áreas consideradas suscetíveis a eventos adversos potenciais causadores de desastres ainda não ocupadas devem gozar de especial atenção das autoridades públicas, a fim de que não sejam ocupadas, pois, ao serem, passam de meras áreas suscetíveis à ocorrência de eventos adversos a áreas com risco de desastres. As áreas públicas não ocupadas irregularmente necessitam de vigilância constante para que, caso ocorra a ocupação irregular, a pessoa seja imediatamente encaminhada a algum projeto desenvolvido para tratar desses casos específicos.

Para inibir a ocupação irregular de áreas públicas, a implementação de prédios públicos constitui importante e eficiente ferramenta.

6.2 Risco de desastre: enfoque técnico

Há muitos profissionais brasileiros altamente qualificados e que desenvolvem trabalhos em torno do tema risco de desastres. Para a proteção e defesa civil, encontramos no *Glossário de defesa civil* que *risco* corresponde à "relação existente entre a probabilidade de que uma ameaça de evento adverso ou acidente determinado se concretize e o grau de vulnerabilidade do sistema receptor a seus efeitos" (Castro, 2007, p. 162). Esse conceito exprime bem o que, para a proteção e defesa civil, significa o risco de desastre.

Para que haja um risco de desastre, é necessário existir uma relação entre alguns componentes, o que mostra que o desastre ou o risco de desastre em si é o resultado de um contexto, de uma série de fatores que interferem em sua existência e em seu potencial. A "relação" citada no conceito ocorre entre "a probabilidade de que uma ameaça se concretize" e a "vulnerabilidade" do sistema receptor. Vamos analisar a primeira parte: a **probabilidade** refere-se à quantificação estatística da possibilidade de que determinado evento adverso ocorra, ou seja, de que uma ameaça se concretize. Segundo o *Glossário de defesa civil*, há alguns elementos importantes para que a ameaça de um evento adverso ou de um acidente se concretize. Vejamos:

> AMEAÇA
> 1. *Risco imediato de desastre. Prenúncio ou indício de um evento desastroso. Evento adverso provocador de desastre,*

quando ainda potencial. 2. Estimativa da ocorrência e magnitude de um evento adverso, expressa em termos de probabilidade estatística de concretização do evento (ou acidente) e da provável magnitude de sua manifestação. (Castro, 2007, p. 18)

Em síntese, **ameaça** significa a probabilidade de que um evento adverso, potencial causador de desastre, concretize-se; em outras palavras, retrata a existência de um evento adverso com potencial de, combinado com outros fatores, dar causa a um desastre, sendo tal evento adverso ainda "potencial". Diante dessa análise, a ameaça de concretização de evento adverso ou de acidente torna-se importante elemento a ser considerado para a determinação do risco de desastre. A título de exemplo, se há uma previsão meteorológica de incidência de 100 milímetros acumulados de chuva concentrada em dois dias seguidos e, no terceiro dia, a previsão de mais 250 milímetros, totalizando 350 milímetros, sabendo-se que essa quantidade de chuva tem o potencial de causar movimentos gravitacionais de massa (deslizamentos) em determinada área onde residem várias famílias, caracterizada está uma ameaça de evento adverso.

Apenas visando não fugir ao ponto central da análise e para encerrar as observações em que buscamos demonstrar a relação existente entre ameaça e vulnerabilidade, voltemos ao conceito apresentado por Castro (2007, p. 162), em que *risco* corresponde à "relação existente entre a probabilidade de que uma ameaça de evento adverso ou acidente determinado se concretize e o grau de vulnerabilidade do sistema receptor a seus efeitos". Assim, no que tange à proteção e defesa civil, quando se alude a *risco de desastre*, basicamente refere-se à resultante da função entre a ameaça e a vulnerabilidade: ameaça de o evento adverso se concretizar e vulnerabilidade do sistema receptor para resistir à magnitude do evento adverso.

Ainda quanto ao conceito de risco para a proteção e defesa civil encontrado no *Glossário de defesa civil*, precisamos explorar o termo **vulnerabilidade**, que expressa a medida da resistência de um corpo ou de um sistema receptor ao impacto de um evento adverso, podendo um sistema receptor ter vulnerabilidade alta ou baixa a determinado evento adverso.

Por sua vez, o evento adverso pode também ter um potencial danoso alto ou baixo. Tanto a vulnerabilidade quanto o evento adverso têm uma graduação, podendo ser menos ou mais resistente a um evento adverso, que pode ser menos ou mais forte ou intenso (de maior ou menor magnitude) e causar menos ou mais danos a um sistema vulnerável. O potencial danoso do evento adverso e a vulnerabilidade do sistema receptor são relativos, o que equivale a dizer que há uma relação entre evento adverso e vulnerabilidade, relação esta de que resultará uma quantidade maior ou menor de danos e prejuízos.

Por exemplo, se ventos de 90 quilômetros por hora (km/h) atingirem uma casa térrea de alvenaria, coberta com telhas de concreto, possivelmente não haverá quaisquer danos, mesmo sendo a magnitude do evento adverso alta, pois incide sobre um corpo com baixa vulnerabilidade. De outra maneira, se ocorresse o mesmo vendaval e atingisse uma casa coberta com telhas de fibrocimento de 4 milímetros, possivelmente ficaria totalmente descoberta, pois o vento seria suficiente para arrancar as telhas. Nessa situação, há a mesma magnitude de evento adverso (ventos de 90 km/h), mas incidindo sobre um sistema com maior vulnerabilidade. Nesse sentido, um mesmo evento adverso incidindo sobre sistemas com vulnerabilidades diferentes trará como resultado diferentes quantidades de danos e de prejuízos, ou seja, os danos e os prejuízos são decorrentes da interação entre o evento adverso e a vulnerabilidade.

O evento adverso pode, ainda, não ter se concretizado e não ter ocorrido – nesse caso, constitui uma ameaça, que é o evento adverso em potencial. Se houver condições de quantificar a provável magnitude do evento adverso em potencial, assim como a vulnerabilidade do cenário que será o receptor daquele evento adverso, teremos como resultado a determinação do risco de desastre para aquele cenário considerado. É isso que vem expresso na equação **Risco = Ameaça *versus* Vulnerabilidade**.

Gráfico 6.1 – Risco = Ameaça versus Vulnerabilidade

Ameaça (Magnitude)	Grande			
	Média			
	Baixa			
Gráfico de Risco		Baixa	Média	Alta
		Vulnerabilidade		

A partir do momento em que a ameaça é concretizada, o evento adverso deixa de ser apenas potencial e realmente ocorre, incidindo sobre um cenário vulnerável e causando danos e prejuízos: é um desastre.

Síntese

Neste capítulo, abordamos aspectos voltados a possibilitar a compreensão do significado técnico da expressão *risco de desastre*. As pessoas têm percepções particulares do risco de incidentes, que, tendentes sempre a diminuir a possibilidade da ocorrência de um desastre, podem colocar essas mesmas pessoas em situação de risco.

Tratamos também do uso e da ocupação do solo como uma questão fundamental na criação dos riscos de desastres, uma vez que o solo utilizado ou ocupado sem observação da variável *risco* apresenta grande possibilidade de gerar situações de risco que, no futuro, demandarão ações muitas vezes traumáticas às famílias que habitam essas áreas. Demonstramos, ao final, a relação existente entre ameaça e vulnerabilidade para a composição do risco de desastre.

Para saber mais

Consulte o livro *Desastres naturais*: *conhecer para prevenir*, do Instituto Geológico de São Paulo. A obra oferece um aprofundamento na temática do risco dos desastres naturais.

TOMINAGA, L. K.; SANTORO, J.; AMARAL, R. (Orgs.).
Desastres naturais: conhecer para prevenir. 3. ed. São Paulo: Instituto Geológico de São Paulo, 2009. Disponível em: <http://www.igeologico.sp.gov.br/downloads/livros/DesastresNaturais.pdf>. Acesso em: 11 jun. 2018.

Questões para revisão

1) Aborde sucintamente a questão da importância do tema uso e ocupação do solo no que diz respeito aos desastres.

2) Qual é o fundamento para afirmar que a percepção de risco é um fenômeno de natureza social?

3) Para a proteção e defesa civil, os componentes da variável *risco* são:
   a. perigo e vulnerabilidade.
   b. perigo e ameaça.
   c. ameaça e suscetibilidade.
   d. ameaça e vulnerabilidade.
4) Ameaça refere-se:
   a. a um evento adverso concretizado.
   b. a um evento adverso em potencial.
   c. a uma situação de risco.
   d. ao potencial de risco de uma área vulnerável.
5) As duas possibilidades de redução de riscos em áreas de risco ocupadas são:
   a. neutralização das ameaças naturais e medidas protetivas que possibilitem a convivência com o risco.
   b. neutralização das ameaças naturais e realocação das populações dessas áreas.
   c. realocação das populações e medidas protetivas que possibilitem a convivência com o risco.
   d. realocação das populações e neutralização das ameaças naturais.

VII

Gestão de risco de desastres

Conteúdos do capítulo:

» Redução de ameaças.
» Redução de vulnerabilidades.
» Mapeamento de risco de desastres.
» Experiência do Estado do Paraná.

Após o estudo deste capítulo, você será capaz de:

1. indicar as formas de redução de ameaças nos desastres de origens natural, tecnológica e antrópica;
2. discorrer sobre a redução de vulnerabilidades;
3. reconhecer o potencial de aplicação da experiência desenvolvida no Estado do Paraná.

Os desastres, como visto, constituem-se no resultado da conjunção de dois fatores principais – ameaça e vulnerabilidade – sobre os quais devem ser desenvolvidas ações em busca da redução do risco de ocorrência do desastre. O desenvolvimento dessas ações forma o grande desafio dos sistemas de proteção e defesa civil, pois sua execução requer pessoal técnico especializado e recursos financeiros.

7.1 Redução de vulnerabilidades

As ações de redução tendem a diminuir as vulnerabilidades de um cenário a determinado tipo de ameaça, com as quais se busca aumentar a resistência do cenário vulnerável diante de uma ameaça. Mas como é viável fazer isso? Quando o tema é *desastre*, obrigatoriamente a figura humana está envolvida no cenário vulnerável: pessoas devem ter sido atingidas direta ou indiretamente. De modo direto, um desastre resulta em desalojados, desabrigados, feridos e, de modo indireto, os bens são atingidos e até o meio ambiente, desde que se verifiquem efeitos deletérios ao homem, mesmo que sejam de difícil mensuração.

A redução de vulnerabilidades pode ser realizada por meio de medidas estruturais e não estruturais, passando por ações que podem ser desenvolvidas em todos os planos do cenário vulnerável.

No **plano humano**, as ações alcançam as pessoas que habitam ou frequentam esses cenários, basicamente passando a redução de vulnerabilidade pela educação que busque o desenvolvimento de uma cultura prevencionista, bem como pelo treinamento visando desenvolver competências que permitam às pessoas reagir adequadamente em situações de desastre ou na iminência de sua ocorrência. Como exemplo, pode-se capacitar moradores para identificar processos perigosos que podem gerar o risco de desastres.

No **plano físico** – elementos que compõem o cenário vulnerável –, uma encosta pode passar por obras de estabilização para diminuir a possibilidade de deslizamentos ou pode haver a adequação da legislação municipal de uso e de ocupação do solo para impedir a construção em determinadas regiões do município, diante da existência de elementos locais de suscetibilidade ao desenvolvimento de eventos adversos potenciais geradores de desastres.

7.2 Redução de ameaças

A redução das ameaças refere-se a ações que minimizem a probabilidade estatística da ocorrência de determinado evento adverso potencial causador de desastre. Considerando que os desastres são classificados quanto à origem em naturais, tecnológicos e antropogênicos, analisaremos como ocorre a redução das ameaças em cada tipo.

7.2.1 Desastres de origem natural

Nos desastres naturais, o evento adverso origina-se da natureza, portanto, alguma ação no sentido de diminuir a intensidade desse tipo de evento não seria possível. Como poderíamos diminuir a velocidade dos ventos de um vendaval ou a intensidade das chuvas? A ação sobre os eventos adversos pode ser implementada apenas sobre os cenários vulneráveis.

> **Questão para reflexão**
>
> 1) O desastre ocorrido no município de Mariana (MG) em 5 de novembro de 2015 caracterizou-se pelo rompimento de uma barragem de rejeitos. Conceitualmente, trata-se de um desastre tecnológico que, após o Decreto Federal n. 8.572, de 13 de novembro de 2015, transformou o rompimento de barragem em desastre natural. Quais são os fundamentos e as consequências dessa decretação?

7.2.2 Desastres de origem tecnológica

Nesse tipo de desastre, há possibilidade de atuação sobre os eventos adversos oriundos de falhas em sistemas, estruturas ou procedimentos. Como estruturas, procedimentos e sistemas são criados, desenvolvidos, implementados, operados e monitorados por seres humanos, é possível monitorar essas atividades de maneira a diminuir falhas e aperfeiçoar métodos e processos construtivos e de desenvolvimento, bem como aqueles ligados à implementação e à operação das estruturas, dos sistemas e dos procedimentos.

A atividade de monitoramento merece especial destaque, pois o monitoramento de todas as atividades anteriores e do comportamento das estruturas, dos sistemas e do desenvolvimento de procedimentos poderá identificar falhas com potencial de se tornarem eventos adversos tecnológicos causadores de desastres.

7.2.3 Desastres de origem antrópica

Da mesma maneira que nos desastres de origem tecnológica, essa categoria de desastres é causada por atividades humanas predatórias. Vislumbramos, então, a possibilidade de atuação inibidora por meio de fiscalização adequada, com punição de infratores, implementação de estruturas de monitoramento e de detecção de atividades predatórias, e de aperfeiçoamento da legislação que trata de temáticas relacionadas.

7.3 Mapeamento de risco de desastres

Como já abordado, desastres resultam de uma série de fatores associados, e o conhecimento detalhado desses fatores é essencial para a determinação do risco dos desastres. Os fatores citados variam de acordo com a origem e o tipo de cada desastre, uma vez que os eventos adversos causadores dos desastres de origem natural, tecnológica e antrópica são diferentes e, dependendo do tipo de desastre, os demais fatores a eles associados também podem ser diferentes. De maneira geral, o conhecimento da localização de pontos com potenciais riscos de desastres, com detalhamentos sobre a composição desses riscos, considerada a ameaça do evento adverso e a vulnerabilidade do cenário, bem como os limiares do evento adverso necessários para o desencadeamento do processo de desastre, são algumas informações que devem ser conhecidas para determinar o risco de desastre.

Especificamente para o mapeamento do risco de desastres, há uma variação conforme o tipo de desastre, e por isso deve ser realizado por profissionais específicos para cada modalidade de mapeamento. Por exemplo, para elaborar o mapeamento do risco de deslizamentos, os profissionais de geologia têm o conhecimento técnico necessário; para o mapeamento do risco de inundações, os hidrólogos são os profissionais mais indicados para estudar as questões relacionadas aos rios com possibilidade de extravasar de sua caixa de escoamento. Nos dois exemplos, utilizam-se mapas, a exemplo das cartas topográficas, elaboradas por profissionais como engenheiros cartográficos.

Para o mapeamento das áreas com risco de deslizamento, as metodologias requerem outros conhecimentos, relacionados à avaliação do perigo, considerando o perigo como resultado de informações do meio físico associadas, como declividade, clima, tipo de solo, entre outras, e do mapa quantitativo de deslizamentos:

> *Os atributos descritos neste mapa podem ser analisados qualitativamente, classificando-se, por exemplo, em baixo, médio ou alto perigo. O mapa de perigo representa, portanto, o potencial de ocorrência, em uma área ou região, de processos que podem ser causadores de desastres naturais e, desta forma, contribui com importantes subsídios para o adequado planejamento do uso e ocupação do solo visando o controle e redução dos desastres naturais.*
> (Tominaga; Santoro; Amaral, 2009, p. 153)

Com base no que foi explanado até o momento, a tarefa de confeccionar um mapeamento de risco de uma área sujeita a deslizamentos, de acordo com o que os modelos técnicos determinam como minimamente necessário, torna-se uma tarefa praticamente impossível para o gestor municipal de proteção e defesa civil sem o apoio dos profissionais necessários.

7.3.1 Experiência do Estado do Paraná

Muito embora a confecção dos mapeamentos de áreas de risco obedecendo às metodologias cientificamente desenvolvidas para essa atividade não seja uma tarefa simples, há uma experiência interessante promovida pela Coordenadoria Estadual de Proteção e Defesa Civil do Paraná (Cepdec/PR), que mapeou o que foi chamado de *áreas de atenção*, relativamente à possibilidade de ocorrência de alguns desastres específicos: deslizamentos, inundações e alagamentos. O Centro Universitário de Estudos e Pesquisas sobre Desastres do Estado do Paraná (Ceped/PR), vinculado à Cepdec/PR, entende que as áreas de atenção "são aquelas áreas que apresentam uma recorrência histórica ou grande propensão a desastres" (Paraná, 2017, p. 17), merecendo atenção especial dos gestores de proteção e defesa civil. Os próprios municípios realizam os mapeamentos, apoiados pelas regionais estaduais de proteção e defesa civil.

Se considerarmos o nível de detalhes do meio físico contido, por exemplo, em um mapeamento de risco de deslizamento confeccionado por profissionais habilitados, o mapeamento de área de atenção não atinge o mesmo nível, mas permite que sejam mapeadas e catalogadas uma série de informações importantes ligadas à vulnerabilidade das populações que habitam essas áreas e que podem ser utilizadas pelo gestor municipal de proteção e defesa civil para o desenvolvimento de ações antes, durante e após a ocorrência de um desastre. As áreas de atenção constituem um norte para as ações de proteção e defesa civil, e as principais informações constantes desse mapeamento acerca do cenário suscetível são: localização do cenário, coordenadas geográficas, croqui da área, período do ano que o desastre costuma ocorrer, periodicidade com que o desastre ocorre, número de edificações, população, predominância construtiva, pontos sensíveis (hospitais, postos de saúde, escolas etc.).

Para as áreas de atenção, ainda é possível realizar o cadastramento georreferenciado das residências nelas existentes, com informações sobre as famílias, a existência de pessoas com necessidades especiais, o número de pessoas por família, a existência de animais, o número de telefone etc.

Síntese

A gestão do risco de desastres passa pela necessidade de desenvolvimento de ações públicas tendentes a mitigá-los por meio da redução do potencial de suas componentes: ameaça e vulnerabilidade. A redução de vulnerabilidades ocorre localmente, nos cenários suscetíveis ao impacto dos eventos adversos causadores dos desastres, fortalecendo todos os elementos que compõem esses cenários. Por sua vez, a redução das ameaças visa atuar diretamente nos eventos causadores dos desastres, diminuindo seu potencial ofensivo ou a possibilidade de sua materialização.

O mapeamento dos riscos de desastres é uma atividade altamente técnica e, como tal, necessita de profissionais especializados para que sejam confeccionados. Contudo, a Cepdec/PR desenvolveu um interessante modelo de mapeamento denominado *áreas de atenção*, possível de ser confeccionado por pessoas leigas.

Para saber mais

Assista ao vídeo *Criando uma área de atenção*, disponível no *link* indicado a seguir, que mostra como deve ser cadastrada uma área de atenção no Sistema Informatizado de Defesa Civil do Paraná (SISDC). Embora o SISDC não esteja aberto ao acesso público, o vídeo oferece uma boa noção a respeito das áreas de atenção.

PARANÁ. Casa Militar. Coordenadoria Estadual de Proteção e Defesa Civil. **Criando uma área de atenção**. 22 abr. 2014. Disponível em: <http://www.defesacivil.pr.gov.br/modules/video/showVideo.php?video=10910>. Acesso em: 12 jun. 2018.

Questões para revisão

1) É possível reduzir as ameaças de desastres naturais? Explique.

2) Como o gestor municipal de proteção e defesa civil deve proceder para realizar o mapeamento de risco de deslizamento?

3) Para a redução de vulnerabilidades, deve-se objetivar:
   a. recursos financeiros para distribuição às populações vulneráveis.
   b. ações sociais visando diminuir a vulnerabilidade social das famílias.
   c. aumento da resistência de cenário vulnerável diante de ameaças.
   d. reforço de equipes de emergência do município.

4) Nos desastres de origem tecnológica, a redução das ameaças passa por:
   a. desenvolvimento de ferramentas de detecção de profissionais que não tenham as competências tecnológicas necessárias.
   b. investimentos em monitoramento de eventos meteorológicos severos, potenciais desencadeadores de desastres naturais.
   c. mudança cultural preventiva da população do entorno de locais de risco.
   d. aperfeiçoamento de métodos e de processos construtivos, bem como da operação de estruturas, de sistemas e de procedimentos.

5) Nos desastres de origem antrópica, são exemplos de ações voltadas à redução das ameaças:
   a. Fiscalização adequada, punição de infratores, aperfeiçoamento da legislação, implementação de estruturas de monitoramento e detecção de atividades predatórias.
   b. Reforço de equipes de intervenção imediata para detecção de focos de incêndios florestais.
   c. Atuação conjunta de organizações internacionais especializadas em desenvolvimento de sistemas para redução de vulnerabilidades.
   d. Palestras em escolas ensinando crianças sobre as formas seguras de fazer fogueiras em florestas.

VIII

Gerenciamento de desastres

Conteúdos do capítulo:

- » Sistema de Comando de Incidentes (SCI).
- » Histórico.
- » Princípios.
- » Estrutura.
- » Funções.
- » Instalações.
- » Recursos.
- » Formulários.
- » Planejamento.
- » Sistema de Coordenação Multiagências.

Após o estudo deste capítulo, você será capaz de:

1. discorrer sobre a origem do Sistema de Comando de Incidentes (SCI);
2. compreender os princípios balizadores do SCI;
3. apresentar detalhes acerca da estrutura e do funcionamento do SCI;
4. indicar as principais instalações e os recursos do SCI;
5. reconhecer os principais formulários utilizados para o registro e o planejamento do SCI;
6. identificar a necessidade de organizar uma estrutura de Coordenação Multiagências.

Quando o desastre ocorre, a Coordenadoria Municipal de Proteção e Defesa Civil (Compdec) é a primeira estrutura colocada à prova. Nos primeiros momentos do desastre, para a população atingida, o caos se instala e não parece que alguém poderá enfrentar os efeitos deletérios do desastre. Contudo, uma Compdec bem estruturada e preparada consegue aos poucos tomar conta da situação, resolvendo um a um os problemas detectados e dando sentido às ações de resposta (socorro e assistência às populações atingidas e reabilitação dos cenários afetados). Com isso, o caos vai se dissipando e a ordem passa a ser restabelecida.

Da mesma forma que a Compdec, a Coordenadoria Estadual de Proteção e Defesa Civil (Cepdec), se bem estruturada e preparada, tem melhores possibilidades de sucesso no apoio a uma Compdec com dificuldades para responder a um desastre. O gerenciamento de desastres é uma tarefa complexa, na medida em que o gestor de proteção e defesa civil responsável deve obter informações da real situação nos cenários atingidos, a fim de que seja possível embasar as decisões a serem tomadas para responder ao desastre.

O fato é que, pela variedade e pela complexidade das situações geradas por um desastre, o gestor necessita de apoio técnico para realizar um trabalho minimamente adequado, não sendo possível que o gerenciamento do desastre seja operacionalizado por uma única pessoa. É necessário haver uma equipe, e o gerenciamento de desastres, além de uma equipe de profissionais habilitados, requer também uma organização de trabalho e um método de desenvolvimento desse trabalho.

No Brasil o método de gerenciamento denominado *Sistema de Comando de Incidentes* (SCI) vem sendo amplamente utilizado e se destina ao gerenciamento pontual de incidentes ou, em nosso caso, de desastres. Esses desastres podem ser de nível bastante elevado, de grandes proporções, com danos e prejuízos que extrapolam a capacidade de gerenciamento por meio do SCI, sendo necessário apoio de outra estrutura denominada *Multiagency Coordination System* (MACS) ou, em português, Sistema de Coordenação Multiagências.

8.1 Sistema de Comando de Incidentes

O SCI é uma ferramenta padronizada destinada ao gerenciamento de incidentes e que pode ser utilizada para todos e quaisquer tipos de sinistros, facilitando a organização e o gerenciamento desses eventos muitas vezes caóticos e de difícil e complexa resolução. O SCI permite ao gestor do desastre organizar uma estrutura de atendimento e de gerenciamento integrada e harmônica, que possibilite a compreensão das complexidades dos problemas gerados pelo desastre e a melhor identificação das demandas dessas situações.

8.1.1 Breve histórico

O SCI teve origem nos Estados Unidos, motivado por grandes incêndios florestais ocorridos na década de 1970 no sul da Califórnia. Naquela oportunidade, não existia um método de gerenciamento de incidentes que demandassem enorme quantidade de recursos oriundos de organizações diferentes, as quais tinham diferentes métodos de trabalho, nomenclaturas diversas para procedimentos e materiais comuns entre as organizações. Os sistemas de comunicação não se integravam e havia muitas outras diferenças institucionais que constituíam barreiras para que o trabalho ocorresse de forma integrada.

Uma grande quantidade de equipes de bombeiros provenientes de todas as unidades confederadas dos Estados Unidos foi deslocada ao local do incêndio para integrar o esforço no combate às chamas e espalhada pela gigantesca área atingida. Muito material foi colocado à disposição e utilizado por várias equipes diferentes. A gestão do pessoal e do material, pela magnitude do evento em si, sem a existência de um método eficiente e eficaz de gerenciamento de recursos, acarretou grande descontrole. As comunicações necessitavam de integração para um controle e um gerenciamento mais efetivo e rápido de recursos e das equipes em campo, até para a própria segurança.

Após terem sido identificadas as deficiências no gerenciamento desse incêndio, o país desenvolveu uma metodologia especial para atender a grandes emergências, tendo originado o Firefighting Resources of California Organized for Potential Emergencies (Firescope). Contudo, o programa demonstrou não ser o método adequado para nortear as ações de gerenciamento de grandes incidentes, uma vez que apresentou uma série de problemas, como falta de estrutura de comando clara, definida e adaptável; dificuldade para definir prioridades e objetivos comuns; ausência de terminologia comum; falta de integração e de padronização das comunicações; e inexistência de planos e de ordens consolidados. Com tantas dificuldades, foi realizado um grande e intenso trabalho para desenvolvimento de melhorias, que trouxe como resultado o que seria, em 1973, o Incident Command System (ICS), que, no Brasil, é conhecido como *Sistema de Comando de Incidentes* (SCI).

Os Estados Unidos difundiram a ferramenta por um longo período, e muitos organismos de emergência, notadamente os bombeiros, passaram a utilizar o SCI para o gerenciamento de incidentes. O sistema foi aos poucos se expandindo e reconhecido como um importante instrumento, sendo, então, adotado por respeitáveis organismos norte-americanos e internacionais.

> *A partir de 1982, o ICS consolidou-se tornando-se referência para o Sistema Nacional de Gerenciamento de Incidentes com Múltiplas Agências (National Interagency Incident Management System – NIIMS). Um ano mais tarde, a Academia Nacional de Bombeiros (National Fire Academy – NFA) adotou o modelo e iniciou o seu treinamento, reconhecendo-o como ferramenta modelo para a gestão de emergências. [...] Em 1987, a Associação Internacional de Chefes de Polícia (International Association of Chief of Police – IACP) recomendou o uso do ICS também pelas agências policiais.* (Oliveira, 2009, p. 21)

O país tem um histórico de grandes incidentes e, em virtude de grandes emergências, foram detectadas necessidades de melhorias na integração do gerenciamento dos recursos e das operações. Por isso, no ano de 2003, o presidente George W. Bush, por meio da Homeland Security Presidential Directive 5 (HSPD 5), determinou a utilização do SCI, além de outras ferramentas inter-relacionadas, obrigatórias a todos os departamentos e agências federais. O secretário de segurança nacional foi incumbido de promover a aproximação e a articulação entre os governos nacional, estaduais e municipais para trabalharem efetiva e eficientemente com vistas a desenvolver ações de preparação e de resposta a grandes incidentes, como recuperação dos danos deles decorrentes independentemente de causa, dimensão ou complexidade. Então, foi estabelecido o National Incident Management System (NIMS, em português, Sistema Nacional de Gestão de Incidentes), que vem sendo utilizado até os dias atuais não só por ser o método oficial de gerenciamento de incidentes, mas também por ser eficiente e eficaz para a realização das atividades de gerenciamento. A organização responsável pelos desastres nos Estados Unidos é a Federal Emergency Management Agency (Fema), que, como não poderia deixar de ser, utiliza o SCI para o gerenciamento de desastres.

No Brasil, no ano de 2004, o Plano Nacional de Segurança Pública

> *contemplou a gestão integrada e a responsabilidade compartilhada de incidentes e crises, no intuito de implantar uma ferramenta efetiva que permita a perfeita integração dos órgãos e instituições nas atividades operacionais de resposta às emergências de desastres no âmbito do Distrito Federal.* (Brasil, 2008, p. 9)

Há ainda, no Brasil, alguns sistemas de comando com designações diversas, a exemplo do Estado de Santa Catarina, onde foi desenvolvido e é utilizado o Sistema de Comando em

Operações (SCO), e de São Paulo, com o Sistema de Comando e Operações em Emergências (Sicoe), com metodologias próprias e derivadas do SCI e com a mesma finalidade: gerenciar incidentes.

Nos corpos de bombeiros militares e nos órgãos estaduais responsáveis pela proteção e defesa civil percebe-se nitidamente que os princípios do SCI estão presentes e, dia a dia, a doutrina desse importante método de gerenciamento vem sendo difundida. Contudo, para que a integração nos grandes incidentes seja possível, outros órgãos e entidades, principalmente aqueles que têm alguma ligação com atendimento a emergências e com a resposta a desastres, deveriam conhecer e utilizar a metodologia do SCI.

8.1.2 Visão geral

Como já dito, o SCI é um instrumento metodológico para o gerenciamento de incidentes, é, pois, "uma ferramenta de gerenciamento de incidentes padronizada, para todos os tipos de sinistros, que permite a seu usuário adotar uma estrutura organizacional integrada para suprir as complexidades e demandas de incidentes únicos ou múltiplos, independente das barreiras jurisdicionais" (Distrito Federal, 2011, p. 22). Sendo um método, apresenta vários componentes que, adequadamente operacionalizados, conduzem o gerenciamento de incidentes para atingir suas principais finalidades:

> » Atender as necessidades dos incidentes, independente do seu tipo ou magnitude;
> » Permitir que o pessoal empregado no evento, proveniente de uma variada gama de agências, organizações e instituições, possam ser integrados rapidamente

> e com eficiência a uma estrutura de gerenciamento
> padronizada;
> » Prover suporte administrativo e logístico ao pessoal
> da área operacional;
> » Ser efetivo, do ponto de vista do custo e do emprego
> dos recursos, evitando-se a sobreposição de esforços.
> (Souza, 2009, p. 11)

Na sequência, trataremos dos aspectos relacionados ao SCI propriamente dito, visando à familiarização com a ferramenta. Nossa abordagem nesta obra não exaure as questões relacionadas ao sistema, sendo altamente recomendável a participação em cursos específicos e a leitura de obras ou de manuais sobre o assunto. Outra questão importante que gostaríamos de ressaltar é que o SCI será aqui tratado com foco no gerenciamento dos desastres.

No caso de desastres de grande intensidade, em que há situações de alta complexidade, que necessitam de gerenciamento, podem ser estabelecidas estruturas de SCI para cada grande situação específica e uma estrutura que integre todas as demais. Para o mesmo caso, é possível haver uma estrutura única de SCI para realizar o gerenciamento de todas as situações. Em ambos os casos, diante da situação hipotética de grande complexidade do desastre, deverá haver uma estrutura de apoio ao Comando do Incidente, no caso o gestor do desastre, que é a Coordenação Multiagências (MAC), composta por altos representantes dos principais órgãos e entidades ligados ao desastre.

8.1.3 Princípios do Sistema de Comando de Incidentes

Os trabalhos orientados pelo SCI são baseados em princípios norteadores, cuja observância garante o desenvolvimento do sistema de acordo com o método por ele estabelecido. O gestor de proteção e defesa civil e os demais representantes de órgãos e de entidades participantes de um gabinete de gestão de desastre que utilize o SCI como ferramenta de gerenciamento devem conhecer os nove princípios fundamentais.

Terminologia comum

Durante a resposta a um incidente, a multiplicidade de órgãos e de entidades envolvidos em sua resolução traz, de igual maneira, uma variedade de termos, nomenclaturas e designações que não são comuns entre todos os envolvidos. Essa diversidade para um mesmo material pode gerar confusão na resposta ao desastre, sendo necessária, portanto, uma padronização prévia para que todos possam se entender com mais facilidade e agilizar os processos de gestão.

Alcance de controle

Esse princípio refere-se à quantidade de pessoas que um coordenador, encarregado ou líder pode ter sob sua supervisão, a fim de que possa monitorá-los pessoalmente. Nas respostas aos desastres e aos grandes incidentes, o número de técnicos disponíveis para emprego nas diversas frentes de trabalho quase sempre é insuficiente, o que pode levar à designação de um único supervisor para equipes em demasia, gerando dificuldades na realização adequada do trabalho de orientação e de monitoramento, podendo perder-se o controle sobre as ações dos técnicos de sua equipe.

Vários fatores podem influenciar positiva ou negativamente o alcance de controle, como o tipo do desastre ou incidente, o tipo de trabalho a ser desenvolvido, as exigências quanto às questões de segurança necessárias e os riscos envolvidos, o distanciamento entre os recursos e os profissionais, entre outros. Para que haja um controle adequado das ações e uma distribuição facilitada de recursos, o SCI estabelece que cinco é o número ideal de agentes sob o comando de um gestor, mas que, se a situação assim o exigir, em casos extremos, esse número pode subir para sete: "Assim, o SCO recomenda que o número de pessoas ou recursos sob a responsabilidade de um determinado coordenador, encarregado ou líder, seja compatível com a sua capacidade gerencial, logo, não deve ser inferior a três, nem superior a sete" (Oliveira, 2009, p. 28).

Organização modular
Esse princípio é um método de expansão e de retração da estrutura de trabalho estabelecida de acordo com o tipo, a magnitude e a complexidade do incidente. A organização modular permite que se unam posições de trabalho, fazendo expansão ou separando/retirando posições e realizando a contração da estrutura. À medida que os recursos vão sendo designados e alocados na cena de atendimento, a estrutura deve ser expandida, ou seja, a expansão ocorre "de baixo para cima", uma vez que, havendo mais recursos designados na cena do incidente, há a necessidade de expansão do organograma de emprego de tais recursos. Diante da diminuição das necessidades de recursos na cena, estes devem ser retirados, o que gera a contração da estrutura.

A expansão pode acontecer, ainda, "de cima para baixo", de acordo com as necessidades determinadas pelo Comando do Incidente, como no caso de uma estrutura colapsada (desabamento), em que equipes devem ser designadas para uma nova área onde devem ser realizadas buscas. Nesse exemplo, a ordem de expansão parte do Comando do Incidente, isto é, "de cima para baixo": "A lógica é contingencial, ou seja, ao constatar-se que uma determinada função demandará uma atenção especial, ela é ativada e a estrutura se amplia para adaptar-se à situação" (Oliveira, 2009, p. 26).

No SCI, as expressões *de baixo para cima* e *de cima para baixo* são relacionadas ao organograma de emprego dos recursos, ou seja, "de baixo para cima" e "de cima para baixo" do organograma. A decisão de expandir ou contrair a estrutura do SCI deve ser fundamentada em três condicionantes:

1. **Proteção à vida** – O comandante do incidente (CI) deve ter como primeira prioridade a inafastável necessidade de proteção à vida, tanto das vítimas quanto dos profissionais que atuam no cenário do desastre e da população.
2. **Estabilidade do incidente** – O CI é o responsável por definir uma estratégia eficiente e eficaz, que maximize a resposta utilizando os recursos e, ao mesmo tempo, minimize os efeitos do desastre nas áreas adjacentes ao evento. Mesmo em um desastre de pequena intensidade, em virtude das características especiais que lhe conferem grande complexidade técnica e, por conseguinte, uma resposta bastante específica e complexa, a estrutura pode ter de ser ampliada, contemplando equipes especializadas para o atendimento. Isso acontece, por exemplo em desastres com produtos químicos, que, dependendo da natureza, apresentam nível de periculosidade bastante alto para pessoas e para o meio ambiente, exigindo o emprego de pessoal e de equipamentos altamente especializados.

3. **Preservação de bens** – O CI também tem a responsabilidade e a meta de fazer com que os danos a bens sejam os menores possíveis, ao mesmo tempo em que o desastre em si requer ações voltadas ao cumprimento dos objetivos de atendimento do incidente. Por fim, sendo necessário ao CI um tipo ou uma quantidade de recursos que extrapolem seu alcance de controle, cabe a ele ativar uma ou mais seções ou outras posições. De igual maneira, cada chefe de seção tem autoridade para expandir ou contrair sua organização interna.

Figura 8.1 – Organograma de emprego

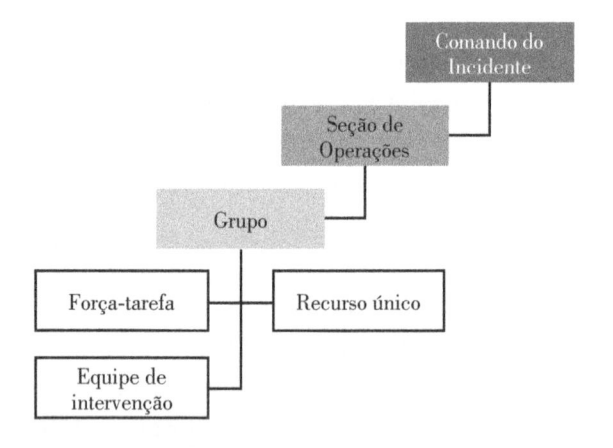

Com o organograma acima, exemplificamos a organização do SCI em módulos, que podem ser adicionados ou removidos da estrutura, conforme prevê o princípio da organização modular.

Cadeia de comando

A cadeia de comando refere-se à linha de autoridade que liga os componentes (pessoas) de uma estrutura organizacional hierarquizada. Em um desastre de grande intensidade, o número de órgãos e de entidades que participam da resolução pode ser grande, havendo, por conseguinte, a participação de muitas pessoas ligadas a esses órgãos. Nesse contexto, há a possibilidade de ser instalado um ambiente de confusão no fluxo de ordens e de informações na estrutura de resposta estabelecida para o desastre. A ideia da cadeia de comando é justamente evitar que esse ambiente de confusão se instale e, para isso, o fluxo de ordens na estrutura organizacional deve ser a referida linha de autoridade hierarquizada. Isso equivale a dizer que "dentro da cadeia de comando cada indivíduo tem uma pessoa a quem se reportar na cena do incidente e apenas a esta pessoa o fará" (Souza, 2009, p. 13).

Esse princípio deve ser implementado e exercitado, cabendo a todos zelar para que seja cumprido. Para tanto, devem ser orientadas de maneira bastante clara todas as pessoas da estrutura organizacional sobre sua posição – tanto de subordinação quanto de ascendência, bem como de quem cada um deve receber ordens e a quem cada um pode dar ordens; de igual maneira, a quem cada um deve levar as informações ou tratar assuntos referentes ao desempenho de sua função. "Este princípio [...] elimina os problemas causados por ordens conflitantes ou múltiplas" (Souza, 2009, p. 13). Eventualmente, ocorrendo situações que não sigam o fluxo estabelecido pela cadeia de comando, o responsável deve ser imediatamente identificado e orientado.

Comando Unificado

Considerando a complexidade de um desastre, vários órgãos e entidades podem ter competências legais sobre o incidente, o que pode causar conflitos institucionais. O princípio do comando unificado foi estabelecido visando evitar que esses embates ocorram, pois seriam perniciosos ao desenvolvimento do trabalho de gerenciamento do desastre. Para tanto, no Comando Unificado são compostos "acordos conjuntos para comandar um incidente em que cada instituição conserva sua autoridade, responsabilidade e obrigação" (Brasil, 2008, p. 14).

Para diminuir a possibilidade de conflitos ou seu potencial, o comando de um grande incidente deve ser unificado, o que significa dizer que um gestor – com poder de decisão representante de cada um dos órgãos e das entidades que tenham competências legais no desastre – deve participar desse comando. Contudo, sempre haverá apenas um CI, representante do órgão ou da entidade de maior pertinência ou competência legal em relação ao tema do incidente.

O Comando Unificado apresenta algumas características importantes, como instalações compartilhadas; um único posto de Comando do Incidente; funções compartilhadas; um processo muito bem definido e coordenado para requisitar recursos; e um único processo de planejamento e plano de ação do incidente (PAI).

No caso dos desastres, sugere-se preferencialmente que o Coordenador Municipal de Proteção e Defesa Civil, como conhecedor e principal organizador dos planos de contingência, atue como CI.

■ Comunicações integradas

O CI deve ter um **plano de comunicações** que estabeleça detalhamentos relativos às condições de sua operação, como: quem pode falar com quem, qual frequência ou que canal deve utilizar, como deve ser realizado o contato e a comunicação, quando é possível realizar o contato, entre outras questões. Toda a comunicação no SCI deve constar do plano referido, cujos canais e frequências de rádio sejam comuns aos integrantes do sistema.

O plano de comunicações deve contemplar diferentes redes de comunicações, a serem estabelecidas de acordo com o tamanho e a complexidade do incidente, a fim de que seja evitado o congestionamento das transmissões e sejam propiciadas boas condições para o desenvolvimento da resposta do desastre.

Recomenda-se o estabelecimento das seguintes redes:

» **Rede de comando** – Para as comunicações entre o Comando do Incidente, o *Staff* de Comando (segurança, informação pública e ligação) e o *Staff* Geral (operações, logística, planejamento e administração/finanças).

» **Rede tática** – Podem ser implementadas uma ou mais redes táticas, de acordo com a complexidade da estrutura de resposta ao incidente. Destina-se às comunicações dentro da seção operacional entre os setores, as divisões, os grupos e as unidades ou, ainda, dentro de um mesmo setor, divisão ou grupo. Em desastres com múltiplas vítimas, destaca-se a importância de uma rede tática específica destinada ao suporte médico.

» **Rede administrativa** – Nos grandes incidentes, as necessidades de comunicações para assuntos de ordem administrativa geralmente são bastante intensas, a ponto de causar problemas operacionais. Visando afastar essa possibilidade, a implementação de uma rede de comunicação para tratar de assuntos exclusivamente administrativos é bastante indicada. Nessa rede, sugere-se que sejam tratados também os assuntos ligados à logística – se as comunicações de logística se intensificarem, pode ser constituída uma rede administrativa exclusiva.

» **Rede de operações aéreas** – Para as comunicações entre os envolvidos com essas operações, é importante o estabelecimento de uma rede exclusiva para as aeronaves se comunicarem entre si e uma segunda rede destinada à comunicação das aeronaves com o setor de operações aéreas em solo.
» **Rede estratégica** – Em desastres de grande intensidade, em que seja necessária a reunião de altas autoridades para decisões estratégicas e levantamento de recursos extraordinários de acordo com as demandas apresentadas pelo Comando do Incidente, deve ser estabelecido um grupo de coordenação multiagências e uma rede exclusiva e privativa para prover as comunicações desse grupo com o Comando do Incidente.

■ Plano de ação no incidente
O plano de ação do incidente (PAI) constitui-se em um planejamento específico com vistas a orientar as ações de resposta a um incidente, elaborado no momento em que as ações de resposta já estão em andamento, procurando consolidá-las organizadamente em documentos e planejar sua continuidade. A teoria do SCI estabelece que a grande maioria dos incidentes é resolvida em períodos mais curtos de tempo (algumas horas) e que, portanto, "não há necessidade de um PAI escrito, mas sim mental, uma vez que, para o período inicial (fase reativa), ou seja, as primeiras 4 (quatro) horas do incidente, ele não se faz necessário" (Distrito Federal, 2011, p. 27).

Contudo, para desastres, o desenvolvimento das atividades de resposta (socorro, assistência e restabelecimento) geralmente requer dias de trabalho e, para registrar o que já foi realizado e projetar o que ainda precisa ser implementado, entendemos que o registro escrito do PAI é algo importante, para que as equipes que se sucedem no gerenciamento do desastre tenham condições de verificar o desenvolvimento e a evolução das ações de resposta desde a eclosão do desastre: "O Plano de Ação do Incidente escrito caracteriza a fase pró-ativa de resposta ao incidente" (Distrito Federal, 2011, p. 27). Nas primeiras horas de um desastre de grande intensidade, o PAI poderá ser apenas verbal, passando, tão logo que possível, a ser documentado por escrito.

O PAI deve ser construído paulatinamente em etapas que têm por base um lapso temporal denominado *período operacional*. Para incidentes que requeiram dias de trabalho, os primeiros períodos operacionais não são superiores a 24 horas. À medida que o incidente evolui e ações com características mais rotineiras são desenvolvidas com maior frequência, os períodos operacionais podem ser prolongados e durar semanas.

Para que o PAI seja direcionado a determinado rumo, faz-se importante a definição de objetivos, de estratégias e de táticas, devendo, para tanto, ser utilizado o formulário SCI 234, denominado *Matriz de Análise de Trabalho* (Quadro 8.1). Esse controle deve ser usado para registro das informações que serão repassadas à equipe de trabalho em reunião prévia de *briefing*, visando alinhar o pensamento e as ações de todos os envolvidos na resposta ao desastre.

- Definição de objetivos

O CI é, inicialmente, o responsável por definir os objetivos que devem ser considerados como a base para todas as ações de resposta ao incidente. Os objetivos devem ser atingíveis, mensuráveis e flexíveis, definidos com base no resultado desejado. Após a definição dos objetivos, as estratégias e as táticas devem ser estabelecidas, implementadas e trabalhadas pelo *staff*.

- Definição de estratégias

A estratégia responde à questão de como chegar ao resultado desejado, que constitui uma visão macro do problema, a fim de serem atingidos os objetivos organizacionais definidos por meio do emprego tático dos recursos. As estratégias são determinadas pelo chefe da Seção de Operações, que deve definir alternativas baseadas nas prioridades conhecidas e nas limitações conhecidas ou projetadas, considerando-se a pergunta: "E se...?".

- Definição de táticas

As táticas são estabelecidas pelo chefe da Seção de Operações com o apoio da Seção de Planejamento e devem considerar os rumos definidos pelas estratégias, definindo, por exemplo, o emprego de cada recurso em cada setor do incidente. Para determinar as táticas adequadas, deve-se responder às perguntas: "Quem?", "O quê?", "Onde?" e "Quando?".

Quadro 8.1 – Matriz de Análise de Trabalho (SCI 234)

		MATRIZ DE ANÁLISE DE TRABALHO – SCI 234
1. Nome do Evento		2. Período Operacional De: Até:
3. Objetivos da Operação/ Resultados desejados	4. Estratégias Opcionais (Como fazer?)	5. Táticas/Trabalhos escritos (Quem/O quê/ Onde/Quando)

(continuação)

(Quadro 8.1 – conclusão)

6. Elaborado por: (Chefe Seção de Operações)		7. Data/Horário:
MATRIZ DE ANÁLISE DE TRABALHO Pág. ____ de ____ SCI 234		

Fonte: Distrito Federal, 2011, p. 127.

■ Instalações padronizadas
São utilizadas para organização do espaço físico do SCI e, como o próprio nome diz, devem ser padronizadas de acordo com o que é estabelecido pela doutrina do sistema. É importante destacar que o termo *instalação*, no SCI, não se refere obrigatoriamente a uma edificação, mas a "espaços físicos ou estruturas fixas ou móveis, designadas pelo Comandante do Incidente (CI) para cumprir uma função específica no SCI" (Distrito Federal, 2011, p. 31).

A implantação de instalações deve ser precedida de uma avaliação de sua real necessidade e da existência de condições que garantam seu funcionamento. Nesse sentido, sugere-se a avaliação dos seguintes fatores: necessidades prioritárias, com definição de quais instalações devem ser preferencialmente implementadas; tempo que cada instalação estará em operação, considerando se o tempo previsto justifica sua implementação; custos para implementação e operação da instalação pretendida; elementos ambientais que podem afetar as instalações; se haverá pessoal para garantir seu funcionamento.

As instalações físicas ou os locais utilizados pelo SCI para o gerenciamento do incidente têm designações padronizadas que devem estar bem sinalizadas e em locais seguros. As principais instalações são o posto de comando, a área de espera, a área de concentração de vítimas, a base, o heliponto e a helibase.

▇ Manejo integral de recursos

Todos os recursos disponibilizados ao incidente são gerenciados pelo SCI desde a sua entrada no sistema até a disponibilização para emprego e, por fim, a desmobilização. Isso garante otimização de recursos e uso de maneira mais racionalizada: "Cada recurso utilizado no incidente, independentemente da instituição a que pertença, passa a fazer parte do sistema, ficando sob a responsabilidade do comandante do incidente" (Brasil, 2008, p. 15).

O manejo integral dos recursos garante otimização de emprego; contabilização e controle de recursos; aprimoramento de comunicações, redução da dispersão em seu fluxo; diminuição de intromissões; e segurança pessoal. Os recursos utilizados no SCI são categorizados como: pessoal, equipes, equipamentos, suprimentos e instalações disponíveis ou potencialmente disponíveis. O Comando do Incidente pode se valer de todos esses tipos de recursos em ações de apoio ao gerenciamento do incidente ou diretamente em ações operacionais de resposta.

8.1.4 Estrutura do Sistema de Comando de Incidentes

O SCI tem uma estrutura bem definida e hierarquizada, que deve ser conhecida pelos tanto pelos operadores que realizam o gerenciamento de um desastre quanto por todos que participam das ações gerenciadas e inseridas no sistema.

A **estrutura macro** é formada por: Comando do Incidente. *Staff* do Comando e *Staff* Geral. A estrutura do *Staff* do Comando, tem como funções: segurança, informações públicas e ligação. A estrutura do *Staff* Geral é composta pelas seguintes funções: operações, planejamento, logística, administração e finanças. Essa estrutura fundamental deve ser operacionalizada em todos os incidentes, podendo uma pessoa, de acordo com a complexidade e a magnitude do incidente, ser a responsável por operacionalizar mais de uma das funções citadas.

Para os incidentes mais rotineiros atendidos pelo Corpo de Bombeiros, por exemplo, todas essas funções são desempenhadas inicialmente por um único profissional, o CI. Durante o atendimento do incidente, com a chegada de mais pessoal e de acordo com a necessidade, o CI pode ir delegando as funções do SCI a outros profissionais. Já nos desastres, mesmo sendo, em geral, mais complexos que uma emergência unicamente de bombeiros, usualmente o Coordenador Municipal de Proteção e Defesa Civil atuará como CI e desempenhará todas as funções do SCI até que possa delegá-las a outras pessoas.

Figura 8.2 – Organograma da estrutura básica do SCI

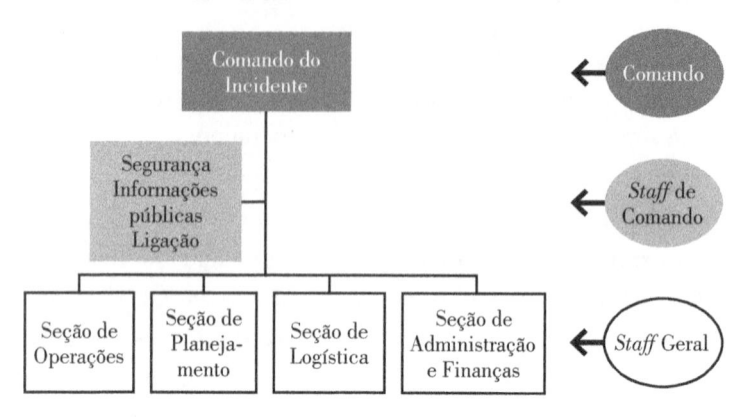

```
                    Comando do
                    Incidente              ← Comando
                        |
        Segurança
        Informações
        públicas                           ← Staff de
        Ligação                              Comando
            |
    _____|_____
    |        |         |           |
 Seção de  Seção de  Seção de   Seção de
 Operações Planeja-  Logística  Administração  ← Staff Geral
           mento                e Finanças
```

A estrutura apresentada não finaliza o tema, uma vez que, dentro de cada função do *Staff* Geral, por exemplo, há uma série de subdivisões que correspondem a cada uma das várias atribuições.

8.1.5 Funções do Sistema de Comando de Incidentes

A estrutura do SCI é composta por funções, e as principais estão enumeradas na seção anterior (8.1.4). Cada função tem atribuições bastante específicas a ser desempenhadas; caso contrário, o sistema não funcionará adequadamente e causará dificuldades ao gerenciamento do incidente ou do desastre, gerando demora para a resolução de cada problema advindo do próprio desastre.

Abordaremos algumas especificidades importantes sobre as principais funções do SCI: comando do incidente; segurança; informações públicas; ligação; operações; planejamento; logística; administração e finanças. Para garantir que haja uma organização hierarquizada e coordenada, que facilite a realização de tais atividades, cada nível da organização do SCI tem uma denominação específica, assim como os respectivos responsáveis.

Figura 8.3 – Organograma da nomenclatura dos responsáveis pelas funções do SCI

Comando	Comandante Oficiais
Seção	Chefe
Setor	Coordenador
Divisão/Grupo	Supervisor
Unidade	Líder
Instalação	Encarregado

O conhecimento da nomenclatura correta para cada uma das funções do SCI atende ao princípio da terminologia comum, a fim de que todos os envolvidos no atendimento ao incidente possam evitar confusões desnecessárias.

■ Comando do Incidente

O CI é o responsável pelo gerenciamento de toda a estrutura do SCI. Muitas vezes, acaba desempenhando sozinho todas as funções do sistema, principalmente por ocasião do início das operações de resposta a um desastre, mas, com o passar do tempo, o CI delega as funções do *Staff* do Comando e do *Staff*

Geral a outros profissionais, preferencialmente integrantes da Compdec, pois dominam os planejamentos municipais e os sistemas municipal, estadual e nacional de proteção e defesa civil, sendo tais conhecimentos fundamentais para que os gestores dessa área possam desempenhar seu trabalho diante de desastres.

O Comando do Incidente pode ser único ou unificado, como já dito. Para relembrar, no **Comando Único**, apenas um profissional assume todas as funções do Comando do Incidente; já no **Comando Unificado**, um grupo de pessoas realiza o trabalho de Comando do Incidente e aquele profissional do grupo cuja especialidade apresenta maior afinidade com o tema central do incidente assume a função de CI, conforme assevera o manual de SCI do Corpo de Bombeiros Militar do Distrito Federal: "Embora as decisões sejam tomadas em conjunto, deve haver UM ÚNICO COMANDANTE. Será da instituição de maior pertinência ou competência legal no incidente" (Distrito Federal, 2011, p. 29).

É desejável que o CI tenha alguns **atributos** considerados importantes para que a gestão do incidente seja realizada com eficiência e eficácia: deve ser uma pessoa segura, objetiva e calma em suas decisões, de fácil adaptação ao meio físico, com capacidade mental ágil e flexível, consciente e realista acerca de suas limitações. Visando manter o alcance de controle, o CI também deve ter a capacidade de delegar funções no momento correto, colocando as melhores pessoas nas funções adequadas.

Em todos os incidentes, haverá sempre um único CI, seja no Comando Único, seja no Comando Unificado. Nos desastres, a maior pertinência ou competência legal sobre o tema recai sobre os gestores de proteção e defesa civil; portanto, mais uma vez, afirmamos que, no município, o Coordenador Municipal de Proteção e Defesa Civil deve assumir o SCI como CI e constituir o Comando do Incidente no formato unificado ou único. O CI tem muitas **responsabilidades** importantes repetidas por todos os manuais e deve executá-las sob pena de falência do SCI:

» *assumir o comando e estabelecer o PC;*
» *zelar pela segurança do pessoal e da segurança pública;*
» *avaliar as prioridades do incidente;*
» *determinar os objetivos operacionais;*
» *desenvolver e executar o Plano de Ação do Incidente (PAI);*
» *desenvolver uma estrutura organizacional apropriada;*
» *manter o Alcance de Controle;*
» *administrar os recursos;*
» *manter a coordenação geral das atividades;*
» *coordenar as ações das instituições que se incorporem ao Sistema;*
» *autorizar a divulgação das informações pelos meios de comunicação pública;*
» *manter um quadro de situação que mostre o estado e a aplicação dos recursos;*
» *encarregar-se da documentação e do controle de gastos e apresentar o Relatório Final.* (Distrito Federal, 2011, p. 54-55)

Por fim, ao transferir o comando para um novo comandante, o CI deve elaborar um relatório completo e detalhado, além de notificar todo o pessoal sob seu comando de que o CI está mudando.

■ Segurança

A função de segurança é desempenhada pela figura do oficial de Segurança, que, de modo geral, é responsável pelo monitoramento e pela avaliação de situações perigosas e inseguras. A ele cabe também a promoção de medidas visando à segurança do pessoal, podendo, até mesmo, seguindo a cadeia de comando, determinar a imediata paralisação de alguma ação insegura para prevenir a ocorrência de acidentes, corrigindo ações ou condições inseguras. Para poder exercer sua atividade com propriedade, o oficial de Segurança deve manter-se a par de toda a operação durante todo o tempo.

O oficial de Segurança tem as seguintes **atribuições**: obter um breve relato do CI, suficiente para se colocar a par da situação do desastre; identificar situações perigosas associadas com o incidente; participar de reuniões de planejamento e revisar os planos de ação do incidente; identificar situações potencialmente inseguras durante as operações táticas; fazer uso de sua autoridade para deter ou prevenir ações perigosas; investigar e pesquisar acidentes que ocorram nas áreas do incidente; revisar e aprovar o plano médico; e revisar o plano de ação do incidente.

■ Informações públicas

A função é exercida pelo oficial de informação pública, que servirá de ponto de contato com a mídia e com outras organizações que busquem dados sobre o incidente. Mesmo que outros órgãos possam designar integrantes de seu pessoal para atuar na função de informação pública, em um desastre deve haver um único "porta-voz". Os demais profissionais de informações públicas poderão participar de uma equipe que levantará as informações necessárias, integrando-as e preparando o formato de sua comunicação ao público-alvo, as quais, após a obrigatória aprovação pelo CI, serão repassadas pelo oficial de informação pública do desastre ou por outro integrante da equipe selecionado para atuar como o único porta-voz oficial do desastre.

O oficial de informação pública tem como **atribuições**:

» *obter um breve relato do Comandante do Incidente;*
» *estabelecer contato com a instituição jurisdicional para coordenar as atividades de informação pública;*
» *estabelecer um centro único de informações, sempre que possível;*
» *tomar as providências para proporcionar espaço de trabalho, materiais, telefone e pessoal;*
» *obter cópias atualizadas dos formulários SCI 201 e 211;*
» *preparar um resumo inicial de informações depois de chegar ao incidente;*
» *respeitar as limitações para a emissão de informação que imponha o CI;*
» *obter a aprovação do CI para a emissão de informação;*
» *emitir notícias aos meios de imprensa e enviá-las ao Posto de Comando e a outras instâncias relevantes;*
» *participar das reuniões para atualizar as notas de imprensa;*
» *responder às solicitações especiais de informação.*
(Distrito Federal, 2011, p. 58)

O oficial de informações públicas deve conhecer suas atribuições em detalhes para evitar desenvolver ações em desconformidade com a doutrina do SCI, o que pode prejudicar o bom andamento da resolução do desastre.

■ Ligação

Essa função é exercida pelo oficial de ligação, que tem como objeto o contato do Comando do Incidente com os representantes de órgãos, entidades e instituições que estejam trabalhando no desastre ou que possam ser convocados, a exemplo dos organismos de primeira resposta: saúde, obras públicas, entre outros. Havendo possibilidade, é desejável que o oficial de ligação conheça pessoalmente os representantes de todas as organizações envolvidas no desastre.

O oficial de ligação tem as seguintes **atribuições**: obter um breve relato do CI, suficiente para se colocar a par da situação do desastre; tornar-se ponto de contato para os representantes de todas as organizações; identificar os representantes de cada uma das organizações, sua localização e os meios de contato para comunicação; responder às solicitações do pessoal do incidente para estabelecer contatos com outras organizações; e observar as operações do incidente para identificar problemas atuais ou potenciais entre as diversas organizações.

■ Operações

A função das operações é desenvolvida pela Seção de Operações, responsável pela execução das ações de resposta e dirigida pelo chefe dessa seção, que tem como **objetivos** principais: reportar-se ao CI; determinar a estrutura organizacional interna da seção; dirigir e coordenar todas as operações, atentando para a segurança do pessoal da seção; apoiar o CI no desenvolvimento dos objetivos da resposta ao incidente; e executar o PAI.

As competências do chefe da Seção de Operações são bastante grandes, uma vez que ele é o responsável pela concretização de todas as operações de resposta ao desastre, supervisionando e coordenando as atividades desenvolvidas pelas equipes de campo. As **atribuições** do chefe da Seção de Operações são: obter um breve relato do CI, suficiente para se colocar a par da situação do desastre; elaborar o planejamento operacional do PAI em conjunto com a Seção de Planejamento; apresentar um rápido relato e dar destino ao pessoal de operações de acordo com o PAI; supervisionar as operações; determinar as necessidades e solicitar recursos adicionais; compor equipes de resposta designadas para a Seção de Operações; e manter o CI informado acerca do desenvolvimento das operações de campo.

O chefe da Seção de Operações deve difundir ordens e orientações preferencialmente por meio de reuniões, a fim de que todos os subordinados e os encarregados por algum módulo da estrutura possam ter um entendimento uniformizado.

Planejamento

A função de planejamento é operacionalizada pela Seção de Planejamento, sob a supervisão do chefe dessa seção, que deve se reportar sempre ao CI, cabendo-lhe determinar a estrutura organizacional interna da seção e coordenar suas atividades. Essa seção tem importantes atribuições no que concerne às informações do desastre e aos recursos, incluindo recolher, avaliar, difundir e usar a informação acerca do desenvolvimento do incidente, bem como manter um controle dos recursos.

A Seção de Planejamento é também responsável pela elaboração do PAI, no qual são estabelecidas e definidas, para um período operacional, as ações de resposta e a utilização dos recursos. Sob a coordenação do chefe da Seção de Planejamento estão os líderes das Unidades de Recursos, de Situação, de Documentação e de Desmobilização e os Especialistas.

■ Unidade de Recursos
Desenvolve todas as atividades de registro e controle dos recursos, incluindo pessoal e equipamentos tanto designados quanto disponíveis, em manutenção, requisitados, além da própria requisição de recursos, mantendo atualizado o *status* de cada um, estabelecendo as necessidades de recursos para o desastre e, por fim, gerindo a desmobilização de todos os recursos em conjunto com a Unidade de Desmobilização.

■ Unidade de Situação
Sua responsabilidade recai sobre a compilação e o processamento das informações sobre a condição atual do desastre, devendo preparar apresentações e resumos sobre a situação, confeccionando mapas e projeções. O líder da Unidade de Situação é responsável por tomar conhecimento do *status* geral do desastre, realizando sua exposição, confeccionando previsões de cenários futuros sobre a evolução do desastre e preparando informações de inteligência, bem como publicando e disseminando as informações internamente ao SCI.

■ Unidade de Documentação
É a unidade responsável por preparar toda a parte escrita do PAI, reunindo e mantendo devidamente organizada e em condições de consulta toda a documentação relacionada com o desastre, provendo as cópias que eventualmente se façam necessárias.

■ Unidade de Desmobilização
Em desastres em que a quantidade de recursos utilizados é grande, quando os recursos deixam de ser necessários às operações no incidente é que se percebe sua importância. Essa

unidade, em conjunto com a Unidade de Recursos, planeja, operacionaliza e controla toda a desmobilização de recursos (pessoal e equipamentos) de maneira ordenada e segura, garantindo que cada recurso chegue à correta organização de origem

- Especialistas

Eventualmente, podem ser necessários profissionais especializados em determinadas áreas técnicas, que poderão auxiliar no planejamento necessário.

Figura 8.4 – Organograma da estrutura da Seção de Planejamento

```
Seção de Planejamento
├── Unidade de Recursos
├── Unidade de Situação
├── Unidade de Documentação
├── Unidade de Desmobilização
└── Especialistas
```

Fonte: Elaborado com base em Distrito Federal, 2011.

O chefe da Seção de Planejamento tem muitas e importantes **responsabilidades**, que vão alicerçar o desenvolvimento das ações de resposta ao desastre:

» *obter um breve relato do CI;*
» *ativar as unidades da Seção de Planejamento;*

» *designar o pessoal de intervenção para as posições do incidente, de forma apropriada;*
» *estabelecer as necessidades e agendas de informação para todo o Sistema de Comando do Incidente (SCI);*
» *notificar a unidade de recursos acerca de todas as unidades da Seção de Planejamento que tenham sido ativadas, incluindo os nomes e os locais onde está todo o pessoal designado;*
» *estabelecer um sistema de obtenção de informações meteorológicas, quando necessário;*
» *supervisionar a preparação do Plano de Ação do Incidente;*
» *organizar as informações acerca de estratégias alternativas;*
» *organizar e desfazer as equipes de intervenção que não sejam designadas às operações;*
» *identificar a necessidade de uso de recursos especializados;*
» *dar conta do planejamento operacional da Seção de Planejamento;*
» *proporcionar previsões periódicas acerca do potencial do incidente;*
» *compilar e distribuir informações resumidas acerca do estado do incidente.* (Distrito Federal, 2011, p. 61-62)

Assim como os demais chefes de seção, o chefe da Seção de Planejamento deve conhecer com exatidão suas atribuições, o que garante o correto andamento do trabalho.

■ Logística

As atividades de logística são desenvolvidas por meio da Seção de Logística, que tem como responsabilidade "prover instalações, serviços e materiais, incluindo o pessoal que operará os equipamentos solicitados para atender no incidente" (Brasil, 2008), sendo, portanto, destinada a apoiar com exclusividade a Seção de Operações, aqueles que operacionalizam em campo a resposta ao desastre. O chefe da seção se reporta diretamente ao CI, a ele cabendo determinar a estrutura organizacional interna da seção e coordenar todas as atividades.

A importância da Seção de Logística é potencializada nos desastres em que a duração das operações de campo é desenvolvida por longos períodos ou em áreas muito extensas. Ela supervisiona o coordenador do Setor de Serviços e o coordenador do Setor de Apoio, os encarregados de bases, de equipes, de acampamento, de segurança e de requisições, bem como os líderes das unidades médica (para atendimento exclusivo do pessoal de resposta ao incidente), de comunicações, de recepção e distribuição, de instalações, de provisões, de apoio terrestre e de alimentação.

- Unidade de Comunicações

É responsável por confeccionar o Plano de Comunicações do Desastre e implementá-lo por meio de uma rede confiável de comunicações restrita ao gerenciamento e às operações do desastre, provendo equipamentos, distribuindo-os, realizando sua manutenção e zelando para que a rede estabelecida obedeça ao preceituado no Plano de Comunicações.

- Unidade Médica

É responsável por desenvolver o Plano de Transporte Médico do Incidente (por terra, água e ar) e preparar relatórios médicos. Tem a atribuição de prover atendimento médico pré-hospitalar intensivo ao pessoal designado para o desastre.

- Unidade de Alimentação
Tem a atribuição de dimensionar e prover as demandas de alimentos e de água potável em todas as instalações do desastre, bem como para todos os recursos ativos ligados à Seção de Operações. A unidade deve confeccionar cardápios e preparar alimentos com a ajuda dos próprios integrantes ou utilizando serviços terceirizados.

- Unidade de Suprimentos
Realiza o controle de pessoal, equipamentos e materiais e é responsável pela armazenagem, pela manutenção e pelo controle dos materiais que foram ou serão distribuídos, além de ajustes e consertos dos equipamentos.

- Unidade de Instalações
Providencia os recursos necessários e o estabelecimento de qualquer instalação requerida para apoiar o desastre, realizando gestões até mesmo para prover o pessoal necessário para trabalhar nas bases e nos acampamentos e, sempre que solicitado, disponibilizar pessoal de apoio à segurança das instalações do incidente.

- Unidade de Apoio Terrestre
Oferece transporte e é encarregada da manutenção dos veículos designados para o desastre.

Figura 8.5 – Organograma da estrutura da Seção de Logística

- Seção de Logística
  - Unidade de Comunicações
  - Unidade Médica
  - Unidade de Alimentação
  - Unidade de Suprimentos
  - Unidade de Instalações
  - Unidade de Apoio Terrestre

Fonte: Elaborado com base em Distrito Federal, 2011.

Além das unidades listadas, outras podem ser criadas e operacionalizadas de acordo com as necessidades que forem sendo identificadas pelo chefe da Seção de Logística.

As **atribuições** do chefe da Seção de Logística, basicamente, são: obter um breve relato do CI, suficiente para se colocar a par da situação do desastre; planejar e implementar a organização da Seção de Logística; cientificar a Unidade de Recursos, da Seção de Planejamento, acerca das unidades da Seção de Logística que tenham sido ativadas, incluindo suas localizações e os nomes do pessoal designado; compor os setores de serviço e apoio e proporcionar informação sumária a seus coordenadores, bem como aos líderes das unidades; participar da preparação do PAI; identificar os serviços e as necessidades de apoio para as operações planejadas e esperadas; revisar o plano de comunicações e o plano médico, opinando sobre eles; receber, coordenar e processar as solicitações de recursos adicionais; revisar o PAI e fazer uma estimativa das necessidades da seção para o período operacional seguinte; preparar os elementos de serviços e apoio do PAI; realizar estimativas das necessidades futuras de serviços e de apoio; receber o plano de desmobilização da Seção de Planejamento; recomendar a descarga de recursos daquela unidade de acordo com o plano de desmobilização; desenvolver ações voltadas ao bem-estar geral e à segurança do pessoal da Seção de Logística.

■ Administração e finanças

As funções de administração e finanças são responsabilidade do chefe da Seção de Administração e Finanças, cabendo-lhe, de modo geral, manter o controle contábil do incidente, além de justificar, controlar e registrar todos os gastos e manter em dia a documentação necessária para esclarecimentos aos tribunais de contas e órgãos de controle interno, bem como de eventuais requisições referentes a processos indenizatórios. Recomenda-se que atuem nessa seção ou que seja ela chefiada por integrantes da Secretaria da Fazenda Municipal ou de diretoria própria da Compdec, que administre a questão de finanças da Defesa Civil Municipal.

Deve ser levado em consideração, por exemplo, que cabe ao chefe da seção se reportar ao CI, além de determinar a estrutura organizacional interna da seção e coordenar suas atividades. Essa seção é especialmente importante quando o desastre apresenta intensidade suficiente que possa resultar na decretação de situação de emergência (SE) ou estado de calamidade pública (ECP).

Ela dirige os líderes das seguintes unidades: Unidade de Tempo, Unidade de Provedoria e Unidade de Custos.

- Unidade de Tempo

Os horários do pessoal que trabalha no incidente são registrados por essa unidade, para que não haja sobrecarga de trabalho. Em caso de pessoal externo e contratado, deve haver o necessário controle das horas trabalhadas para fins de pagamento.

- Unidade de Provedoria

Todo o trâmite da documentação relacionada a contratos para o aluguel de materiais e de equipamentos ou outros tipos de contratos relacionados deve ser gerenciado por essa unidade. Além dessa atribuição, a Unidade de Provedoria deve realizar o minucioso controle das horas de utilização de equipamentos, visando às manutenções e ao controle de custos – no caso de locação, tudo deve ser registrado em relatório.

- Unidade de Custos

Essa unidade tem a importante missão de buscar e registrar todas as informações sobre os custos relacionados a materiais, equipamentos, serviços etc., necessários à resposta ao desastre. Deve, ainda, buscar informações que permitam gerar economia de recursos financeiros por meio de orçamentos e de recomendações.

Figura 8.6 – Organograma da estrutura da Seção de Administração e Finanças

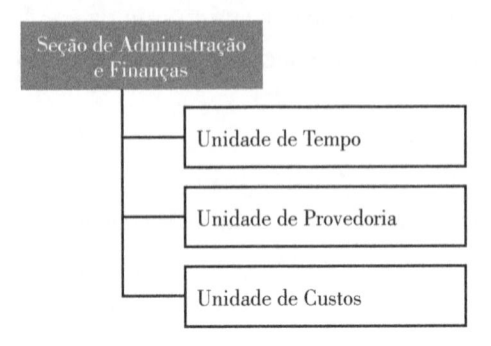

```
┌─────────────────────────┐
│ Seção de Administração  │
│      e Finanças         │
└─────────────────────────┘
             │
             ├──────── Unidade de Tempo
             │
             ├──────── Unidade de Provedoria
             │
             └──────── Unidade de Custos
```

Fonte: Elaborados com base em Distrito Federal, 2011.

O organograma da Figura 8.6 mostra a composição e a estrutura sucintas da Seção de Administração e Finanças.

8.1.6 Instalações

O SCI tem instalações padronizadas, o que não significa necessariamente uma edificação ou construção, podendo significar apenas um local no terreno, identificado por uma placa ou por um ponto de referência. Conceitualmente, as instalações são espaços físicos ou estruturas fixas ou móveis designadas pelo CI para desempenhar uma função específica.

Para estabelecimento das instalações em um desastre, deve-se considerar quais são as reais necessidades quanto às instalações, hierarquizando-as em uma escala de prioridades; o período de tempo que cada instalação estará em operação; o custo da implementação e da operação da instalação; a necessidade de pessoal e sua disponibilidade para aplicação na instalação pretendida; a existência de elementos ambientais que podem afetar as instalações.

■ Principais instalações
Para os incidentes em geral, o CI pode estabelecer três instalações básicas: Posto de Comando, Área de Espera e Área de Concentração de Vítimas.

■ Posto de Comando
Independentemente da magnitude ou da complexidade do incidente, o Posto de Comando (PC) é um local de instalação obrigatória, destinado a abrigar o Comando do Incidente com os oficiais do *Staff* de Comando e os chefes de seção do *Staff* Geral. Logicamente o tamanho e a complexidade do PC terão relação direta com o tamanho e a complexidade do desastre.

Figura 8.7 – Posto de Comando

Figura 8.8 – Sinalização do Posto de Comando

Deve haver um único PC para cada cenário, sinalizado por um retângulo de fundo alaranjado medindo 90 cm × 110 cm, com a inscrição "PC" em preto. O PC também deve seguir alguns requisitos para seleção de local a ser utilizado, como: tamanho do PC de acordo com o tamanho do Comando Unificado; local seguro, distante da área atingida pelo desastre, não sujeito à confusão e a ruídos gerados pelo desastre; se possível, estar em local que possibilite a visualização integral da cena do incidente; possibilidades de expansão, caso seja necessário; local possível de ser vigiado e com controle de acesso, se necessário; ativação e localização divulgadas a todo o SCI o mais rápido possível; sinalização conforme descrito anteriormente, de modo facilitar a localização e a identificação; e disponibilidade de comunicação ou de condições técnicas que indiquem a possibilidade de instalação de sistema de comunicação.

- Área de Espera

Local para onde devem se dirigir todos os recursos operacionais que se integrarem ao SCI para a recepção (*check-in*) e o necessário cadastramento. É uma área de permanência de recursos, próxima do cenário do desastre, onde permanecem até que sejam designados. Deve apresentar sinal de identificação, composto por um círculo de fundo amarelo, com 90 cm de diâmetro, e inscrição da letra "E" na cor preta em seu interior.

Por ocasião da execução do PAI, o encarregado da Área de Espera repassará informações à Unidade de Recursos, da Seção de Planejamento. Caso os recursos não sejam imediatamente designados para atuar, devem permanecer em condições de pronto emprego. No início das operações, em virtude da necessidade premente, a designação dos recursos pode ser imediata, mesmo sem passar pela Área de Espera, devendo o *check-in* ser realizado por rádio.

Em grandes desastres, a quantidade de recursos também pode ser bastante grande e, visando evitar problemas para realizar sua recepção, seu controle e sua destinação, o CI pode determinar o estabelecimento de outras Áreas de Espera. Estas devem ter suas informações interligadas, gerenciadas de maneira centralizada, visando à otimização da designação e do controle de todos os recursos. A possibilidade de descontrole é aumentada quando os recursos não são recepcionados e cadastrados fisicamente na Área de Espera, mas somente após já estarem em campo atuando.

Os requisitos para a **seleção do local** a ser utilizado como Área de Espera são: distanciamento do desastre não superior a 5 minutos de deslocamento; estar afastado de áreas de risco; ter rotas distintas para a entrada e saída de recursos; ter espaço suficiente para os recursos disponíveis e, em caso de necessidade, possibilidade de expansão; e apresentar condições de segurança tanto para o pessoal quanto para os equipamentos.

As principais **funções** do encarregado da Área de Espera, designado pelo CI, são: obter relatório do chefe da Seção de Operações ou do CI; supervisionar o procedimento de registro de recepção de pessoal e equipamentos (Formulário SCI 211); responder às solicitações de recursos, designando os recursos disponíveis de acordo com o indicado pelo CI ou pelo chefe da Seção de Operações; monitorar o estado dos recursos; manter informados o CI e o chefe da Seção de Operações sobre o *status* dos recursos nas Áreas de Espera.

Já os **procedimentos** da Área de Espera funcionam na seguinte ordem: o encarregado da Área de Espera, ao receber do chefe da Seção de Operações a solicitação de retroescavadeira, pode adotar dois procedimentos – acionar a retroescavadeira, repassando ao operador as informações, despachando o recurso para o local solicitado e procedendo o registro da movimentação, ou determinar ao responsável pelos equipamentos motomecanizados pesados que realize o procedimento conforme o item anterior.

Figura 8.9 – Área de Espera

Figura 8.10 – Sinalização da Área de Espera

- **Área de Concentração de Vítimas**

É o local no cenário do desastre para onde todas as vítimas são conduzidas de maneira ordenada, considerando a gravidade das condições. Lá ficarão concentradas, serão constantemente monitoradas e, de acordo com a evolução do quadro, serão reclassificadas até que sejam encaminhadas aos hospitais de referência. A Área de Concentração de Vítimas (ACV) deve estar bem sinalizada, com uma identificação composta por um círculo de fundo amarelo, com 90 cm de diâmetro, e a inscrição "ACV" na cor preta em seu interior.

Figura 8.11 – Sinalização da Área de Concentração de Vítimas

A equipe de atendimento pré-hospitalar atuará em quatro **divisões**, com missões bem específicas: Transporte; Estabilização e Monitoramento; Triagem; e Manejo de Mortos.

Os principais requisitos para **seleção de local** para ser utilizado como ACV são: segurança; fácil acesso; proximidade do incidente; provisão de recursos para atender às vítimas; coberto, quando possível; iluminado; e com espaço para ser ampliado, se necessário.

Figura 8.12 – Área de Concentração de Vítimas

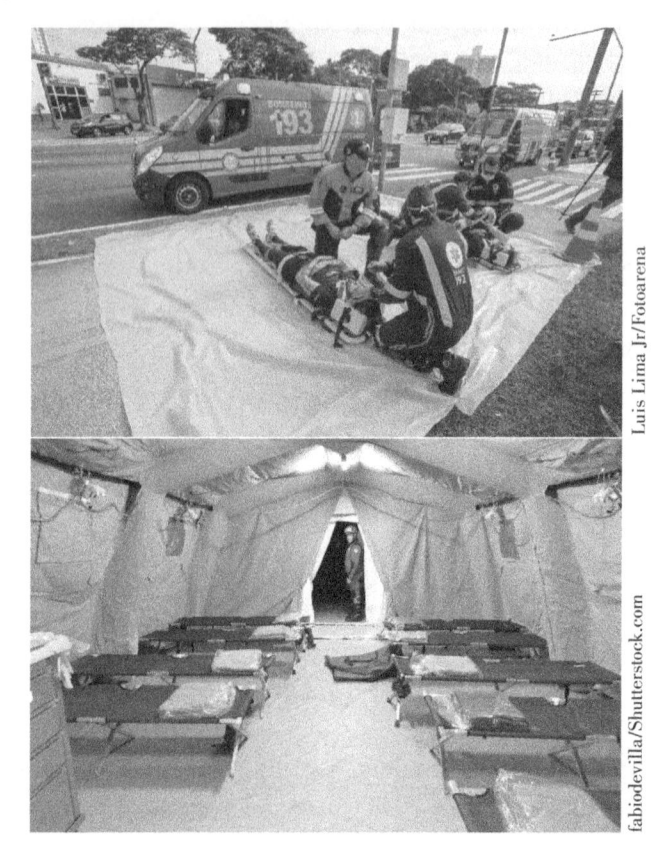

■ Outras instalações

Sendo necessário, é possível definir outras instalações, além das principais, sempre considerando as observações já citadas na Seção "Instalações padronizadas", referentes à avaliação acerca do cabimento ou não de cada instalação. Abordaremos aspectos de algumas das instalações secundárias que eventualmente o desastre possa requerer.

Base
É uma instalação implementada, em geral, em grandes desastres, constituindo um local onde são desenvolvidas as funções logísticas primárias. Deve ser sinalizada por uma identificação composta por um círculo de fundo amarelo, com 90 cm de diâmetro, e a inscrição da letra "B" na cor preta em seu interior.

Figura 8.13 – Sinalização da base

De regra, para cada incidente, há somente a ativação de uma única base. Contudo, há desastres em que pode haver bases auxiliares, em razão das características de grande extensão territorial do desastre ou em virtude da vultuosa quantidade de recursos designados, como no caso de grandes incêndios florestais. Essa instalação é um bom local para a instalação do PC.

Figura 8.14 – Base

- Acampamento

Local preparado e equipado com materiais que proporcionem condições para alojamento, alimentação e instalações sanitárias. É destinado ao pessoal designado para o incidente, desde que não seja viável que retornem a suas casas com o cessar das atividades no fim de cada período operacional. Deve ser sinalizado por uma identificação com um círculo de fundo amarelo, com 90 cm de diâmetro, e a inscrição da letra "A" de cor preta em seu interior.

Figura 8.15 – Sinalização do acampamento

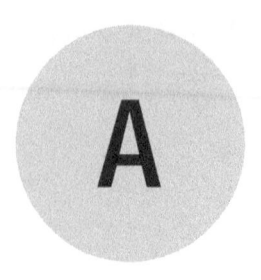

"O acampamento pode localizar-se na base e desempenhar a partir daí as funções específicas. Em um incidente, poderão se estabelecer vários acampamentos, sendo que cada um deve ter um encarregado e ser identificado por nome geográfico ou número" (Brasil, 2008, p. 27).

Figura 8.16 – Acampamento

- Helibase

Espaço exclusivo destinado ao desenvolvimento de atividades de estacionamento, abastecimento e manutenção de aeronaves de asa rotativa (helicópteros). A helibase deve ter sinalização composta por placa de identificação, com um círculo de fundo amarelo, com 90 cm de diâmetro, e a letra "H" na cor preta em seu interior.

Figura 8.17 – Sinalização de Helibase

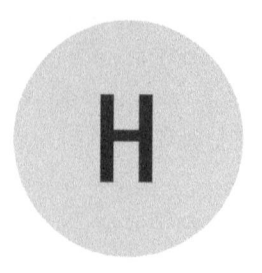

Figura 8.18 – Helibase

- Heliponto ou zona de pouso de helicópteros

São locais destinados a aterrissagem, decolagem, carregamento e descarregamento de pessoal, equipamentos e materiais em helicópteros. Devem ser sinalizados com uma identificação composta por um círculo de fundo amarelo, com 90 cm de diâmetro, e a inscrição "H1" ("H2", "H3"...) na cor preta em seu interior.

Figura 8.19 – Sinalizações de Heliponto

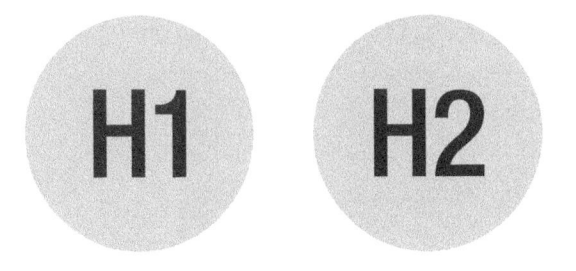

Figura 8.20 – Heliponto

8.1.7 Recursos

No SCI, os recursos são entendidos como "pessoal, equipes, equipamentos, suprimentos e instalações disponíveis ou potencialmente disponíveis para serem utilizadas no apoio ao gerenciamento do incidente ou nas atividades operacionais de resposta" (Souza, 2009, p. 14-15). Há uma classificação conforme a classe ou o tipo dos recursos. A **classe** está relacionada à função do recurso – por exemplo, veículo para atendimento de feridos, transporte de pessoal, combate a incêndio, transporte de carga etc. O **tipo** tem relação com o nível de capacidade do recurso, como autonomia em operação, carga, número de pessoas etc.

Figura 8.21 – Recursos em organograma

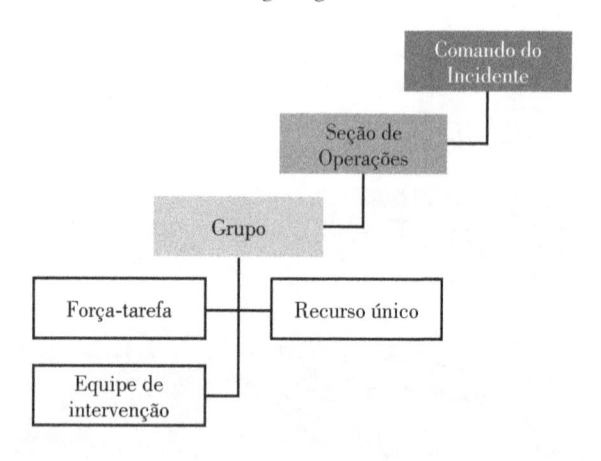

Os recursos do SCI são ainda classificados conforme sua categoria, que indica as combinações de equipamento e pessoal. Existem três categorias de recursos: recurso único, equipe de intervenção e força-tarefa.

■ Recurso único

É o recurso que pode ser designado para uma ação tática em um incidente, composto por um equipamento e o pessoal necessário para sua operação, com seu responsável recebendo a designação de *líder*. Um recurso pode ser classificado como *único* apenas quando estiver registrado na Área de Espera ou designado no incidente – por exemplo, helicóptero com tripulação, ambulância com equipe de atendimento pré-hospitalar, grupo de indivíduos com líder, ônibus com motorista etc.

Figura 8.22 – Recurso único: ambulância com equipe

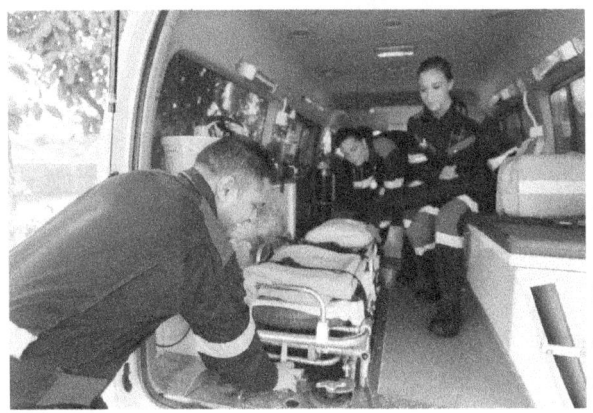

Figura 8.23 – Recurso único: aeronave com tripulação

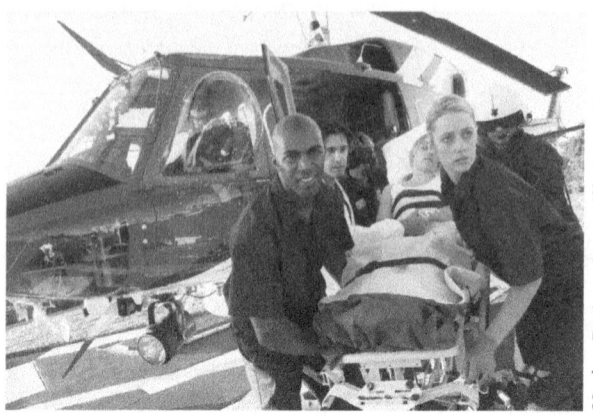

■ Equipe de intervenção

É composta por um conjunto de recursos únicos da mesma classe e do mesmo tipo, com características como comunicações integradas e um único líder. Obrigatoriamente, para ser classificada como *de intervenção*, uma equipe deve observar o princípio do SCI do alcance de controle, além de desenvolver suas atividades em uma mesma área geográfica.

Figura 8.24 – Equipe de intervenção

■ Força-tarefa

Corresponde a qualquer combinação de recursos únicos de diferentes classes ou tipos, destinada a atuar em uma demanda operacional específica, contando com um único líder e com comunicações integradas. A força-tarefa deve ser autônoma e, assim como a equipe de intervenção, atuar em uma mesma área geográfica, observando o princípio do alcance de controle.

Figura 8.25 – Força-tarefa

■ Estado de recursos

O estado de recursos denota a condição de empregabilidade de cada um deles. No transcurso das ações do SCI, tanto de resposta ao desastre quanto de seu gerenciamento, os recursos operacionais deverão ser classificados como:

» **Designados** – Recursos que estão empregados no desastre em uma atividade específica.

» **Disponíveis** – Recursos localizados na Área de Espera e que estão em condições de pronto emprego, ou seja, em condições de ser designados imediatamente.
» **Indisponíveis** – Recursos que não apresentam condições de ser utilizados.

Gerência de recursos

Os recursos devem ser utilizados de forma lógica e correta, pautando seu emprego em critérios técnicos e objetivos, com vistas a garantir sua otimização e contribuir para o alcance dos objetivos traçados pelo Comando do Incidente.

Para um gerenciamento eficiente dos recursos, é preciso: definir os recursos necessários para responder ao desastre; determinar um processo único e coordenado de solicitação de recursos; promover o registro de todos recursos no incidente e de suas movimentações; empregar os recursos, realizar os ajustes necessários e promover sua manutenção; e providenciar sua desmobilização, caso o recurso não seja mais necessário às ações de resposta ao desastre.

Solicitação de recursos

A solicitação de recursos deve obedecer ao fluxo estabelecido pelo Comando do Incidente, podendo ser realizada internamente, quando trata dos recursos existentes no desastre, ou externamente, quando são necessários recursos externos ao desastre.

As solicitações verbais de recursos devem passar por uma confirmação do pedido, registrando-se a hora da solicitação, o nome do solicitante e o nome do responsável da instituição ao qual o recurso pertence. Independentemente de como a solicitação é formulada (via telefone, por rádio, de forma escrita), ela deverá conter: nome do incidente; data e hora necessárias do recurso; quantidade e tipo de recursos, sendo o mais específico possível; local de entrega; hora estimada de chegada na cena. Os recursos poderão ser solicitados pelo CI, pelo chefe da Seção de Operações, pelo chefe da Seção de Planejamento e pelo chefe da Seção de Logística.

Um ponto fundamental a ser ressaltado "é a necessidade de ocorrer uma troca de informações entre o encarregado da área de espera e o líder da unidade de recursos, para um eficiente e eficaz controle dos recursos no incidente" (Brasil, 2008, p. 7).

Líder da Unidade de Recursos

O trabalho do líder da Unidade de Recursos é imprescindível para o controle macro dos recursos do desastre, especialmente se, para a resposta ao evento, tiverem sido operacionalizadas mais de uma Área de Espera no incidente.

O líder da Unidade de Recursos terá como **atribuições**: manter o *status* de todo o pessoal designado, bem como dos recursos designados no desastre; definir as necessidades de recursos para a resposta ao desastre; controlar a requisição de recursos; registrar os recursos; controlar do uso, o ajuste e a manutenção dos recursos; desmobilizar os recursos; e identificar a relação custo-benefício de cada recurso utilizado.

8.1.8 Formulários do Sistema de Comando de Incidentes

O SCI utiliza formulários padronizados para o registro e o controle das informações necessárias ao gerenciamento do desastre. Os formulários básicos são o SCI 201, 211, 219 e 206. Abordaremos aspectos introdutórios desses principais formulários, sendo necessário que se aprofunde o estudo antes de utilizá-los em um desastre.

■ **Formulário SCI 201**
O Comando do Incidente, o *Staff* de Comando e as Secções podem consultar no SCI 201 as informações básicas sobre a situação do desastre e dos recursos designados, nele ficando registradas também as informações a respeito da resposta inicial ao incidente.

■ **Formulários SCI 211 e 219**
Esses formulários são utilizados para o controle dos recursos, permitindo ao CI conhecer o *status* de cada um deles: disponíveis, indisponíveis e designados.

> *Além dessas informações, os formulários permitem saber data e hora da chegada dos recursos ao local do incidente, qual a instituição/pessoa pertence o recurso, nome e telefone/rádio de contato com a instituição, quantas pessoas empregadas e o local de trabalho onde foi designado o recurso.* (Brasil, 2008, p. 19)

O SCI 211 destina-se ao controle da Área de Espera; já o SCI 219 foi desenvolvido para que a Seção de Planejamento controle os recursos envolvidos no evento.

■ **Formulário SCI 206**
Esse formulário é utilizado para o registro de informações e o controle de vítimas na ACV.

■ Outros formulários
- » SCI 205: Plano de Comunicações.
- » SCI 202: Objetivos, estratégias, recursos e organização.
- » SCI 204: Designação tática dos recursos.
- » SCI 215: Planejamento Operacional (principal ferramenta do chefe da Seção de Operações).
- » SCI 234: Matriz de Análise de Trabalho (confeccionada pelos chefes da Seção de Operações e de Planejamento).

8.1.9 Planejamento no desastre

O desastre gera muitas dificuldades de gerenciamento, pois os problemas podem ser de quantidade absurda e tão graves e complexos que o gestor que não tiver experiência para gerenciá-lo estará em enormes dificuldades. As decisões, na maioria das vezes, são complexas e exigem raciocínio lógico, equilíbrio e bom senso, predicados de difícil exercício no momento de uma crise aguda, em que muitas pessoas estão desesperadas, sem conseguir entender a situação criada pelo desastre ou organizar suas ideias.

O SCI, por meio de sua organização, possibilita um planejamento organizado para a resposta ao desastre por meio de reuniões periódicas, *briefings* e operações, sempre enquadradas por um ou mais ciclos operacionais, sob a orientação de um plano de ação e com uma estrutura modelo. O SCI utiliza o chamado *Ciclo P* ou *Ciclo de Planejamento Operacional*.

Figura 8.26 – Ciclo Operacional P

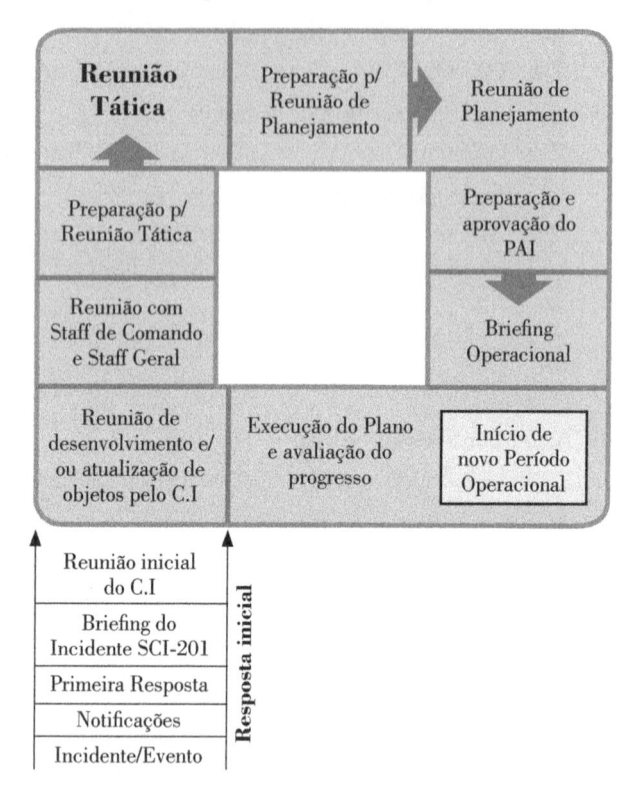

Reunião Tática	Preparação p/ Reunião de Planejamento	Reunião de Planejamento
Preparação p/ Reunião Tática		Preparação e aprovação do PAI
Reunião com Staff de Comando e Staff Geral		Briefing Operacional
Reunião de desenvolvimento e/ou atualização de objetos pelo C.I	Execução do Plano e avaliação do progresso	Início de novo Período Operacional

Resposta inicial:
- Reunião inicial do C.I
- Briefing do Incidente SCI-201
- Primeira Resposta
- Notificações
- Incidente/Evento

Fonte: Distrito Federal, 2011, p. 76.

"O Período Operacional é o período de tempo em que deve ser acomodado o Plano de Ação do Incidente. Assim que o período operacional termina, um novo PAI deve estar pronto para cobrir o próximo período operacional" (Distrito Federal, 2011, p. 90). Dessa forma, é possível inferir que a sequência de acontecimentos e as ações do Ciclo P retratam o curso natural inicial do desastre e as consequentes ações que devem ser implementadas.

Início do Ciclo P

Acontecendo o desastre, os atingidos ou as pessoas próximas a eles começam a procurar as organizações públicas para que seja implementada a primeira resposta. Durante o período de resposta, realizam-se as primeiras avaliações e os primeiros registros, que são importantes para a continuidade de todo o planejamento posterior para o desastre.

Em emergências menores ou de curta duração, o planejamento escrito não ocorre, apenas um planejamento mental do CI. Contudo, como tratamos aqui dos desastres com duração mais longa e resolução mais complexa, muitas vezes a resposta dura extensos períodos de dias ou semanas e torna-se necessário o registro das ações e a elaboração de um PAI pelo Comando do Incidente, em conjunto com o *Staff* de Comando e os chefes das Seções do *Staff* Geral. O SCI 201 é o formulário que deve resultar preenchido quando da primeira intervenção no desastre.

> *Os planos de ação escritos devem ser flexíveis e continuamente atualizados, permitindo:*
> » *trabalhar com objetivos claros e ações bem definidas;*
> » *dispor dos recursos apropriados;*
> » *controlar o progresso do trabalho;*
> » *comprovar o cumprimento e corrigir desvios;*
> » *medir eficiência (efetividade do trabalho × custos).*
> (Distrito Federal, 2011, p. 77-78)

O início do Ciclo P, portanto, ocorre com a eclosão do desastre, com a ocorrência do incidente que dá origem a toda a movimentação de pessoal e de equipamentos com vistas ao atendimento de acordo com o regramento estabelecido pelo SCI.

■ *Briefing* do incidente
Para desenvolver o *briefing* do incidente, devem se reunir o Comando Unificado, o *Staff* de Comando e os chefes de Seções do *Staff* Geral. Na ocasião, deve ser discutida a revisão da evolução da situação até chegar no estágio atual. No início do primeiro ciclo operacional, o formulário SCI 201 funcionará como PAI inicial até que a Seção de Planejamento passe a ter condições de elaborá-lo: "O SCI 201 facilita a documentação da situação atual, objetivos da resposta inicial, ações atuais e planejadas, recursos na cena e requisitados, organização estrutural da cena e potencial do incidente" (Distrito Federal, 2011, p. 78).

Os resultados dessa reunião servirão para guiar as ações operacionais.

■ Reunião de desenvolvimento e atualização de objetivos
Essa reunião deve contar com o Comando Unificado, o *Staff* de Comando, os chefes das Seções do *Staff* Geral e o líder da Unidade de Documentação para identificar, revisar e priorizar os objetivos. Para as reuniões dos próximos ciclos operacionais, os objetivos devem ser revisados e, normalmente, novos objetivos serão identificados.

Como resultado, o chefe da Seção de Planejamento deve preparar o SCI 202 com os objetivos estabelecidos.

■ Reunião do *Staff* de Comando com o *Staff* Geral
Devem reunir-se o Comando Unificado, o *Staff* de Comando e os chefes das Seções do *Staff* Geral, o líder da Unidade de Situação e o líder da Unidade de Documentação. Nessa reunião

são apresentadas decisões e diretivas do Comando do Incidente aos membros do *Staff* Geral e do *Staff* de Comando, revisando ações em aberto e *status* de tarefas já designadas.

Devem ficar claros os objetivos, as decisões, as prioridades, os procedimentos e as designações funcionais (tarefas).

Preparação para reunião tática

A reunião tática não constitui uma reunião propriamente dita, mas um período de tempo para preparação. O chefe da Seção de Operações e o chefe da Seção de Planejamento revisam objetivos para determinar quais são responsabilidade do chefe da Seção de Operações, esboçam estratégias e táticas para atingir os objetivos (Formulário SCI 234), iniciam o preenchimento do formulário SCI 215 (planejamento operacional), determinam e designam os recursos para o próximo período operacional, e o oficial de Segurança apresenta a análise dos riscos presentes.

Reunião tática

Para a reunião tática, devem estar presentes o chefe da Seção de Planejamento, o chefe da Seção de Operações, o chefe da Seção de Logística, o líder da Unidade de Recursos, o líder da Unidade de Situação, o oficial de Segurança, o líder da Unidade de Documentação e o líder da Unidade de Comunicação. Nessa reunião, devem-se discutir a matriz de análise de trabalho (Formulário SCI 234), o planejamento operacional (Formulário SCI 215) e a organização da Seção de Operações.

O resultado deverá ser a produção das informações operacionais necessárias para dar suporte ao PAI.

■ **Preparação para reunião de planejamento**
A preparação não é a reunião em si, apenas um período para organização. O *Staff* de Comando e os chefes de Seção do *Staff* Geral devem preparar as informações para a reunião de planejamento.

■ **Reunião de planejamento**
O Comando Unificado, o *Staff* de Comando, os chefes das Seções do *Staff* Geral, o líder da Unidade de Situação, o líder da Unidade de Documentação e o especialista (se for o caso) apresentam o **plano tático** proposto para revisão e ajustes. O chefe da Seção de Operações apresenta as estratégias e as táticas escolhidas, como o desastre pode ser gerenciado com os recursos disponíveis e as designações de trabalho, enfim, discute-se qualquer situação antes de confeccionar o PAI.

O resultado devem ser uma visão geral do plano tático para atingir as metas, as prioridades e os objetivos.

■ **Preparação e aprovação do plano de ação no incidente**
O Comando e os chefes do *Staff* Geral devem concluir as tarefas com as informações necessárias para inclusão no PAI nesse tempo dedicado para a preparação e a aprovação do plano.

Quadro 8.2 – Lista das informações para composição do PAI e responsáveis

COMPONENTES DO PAI	RESPONSABILIDADE
Briefing do Incidente (SCI 201)	Comandante do Incidente Inicial – CI
Objetivos do Incidente (SCI 202)	Chefe da Seção de Planejamento – CSP

(continua)

(Quadro 8.2 – conclusão)

COMPONENTES DO PAI	RESPONSABILIDADE
Matriz de Análise de Trabalho (SCI 234)	Chefe da Seção de Operações e Planejamento
Planejamento Operacional (SCI 215)	Chefe da Seção de Operações e LREC [líder da Unidade de Recursos]
Designações Táticas (SCI 204)	Líder da Unidade de Recursos – LREC
Plano de Comunicações (SCI 205)	Líder da Unidade de Comunicações – LCOM
Plano Médico	Líder da Unidade Médica – LMED
Mapa/Esquema do Incidente	Líder da Unidade de Situação – LSIT

Fonte: Distrito Federal, 2011, p. 88.

■ *Briefing* operacional

Para o *briefing* devem reunir-se o Comando Unificado, o *Staff* de Comando e os chefes das Seções do *Staff* Geral, os supervisores de divisão ou grupos, os líderes de força-tarefa e equipes de intervenção, os líderes de unidades e outros necessários para discutir a apresentação do PAI à Seção de Operações. Após a reunião e a mudança de turno, os *Staff* de Comando e o *Staff* Geral revisam como a resposta evoluiu e fazem recomendações ao Comando Unificado para definição dos próximos objetivos.

Como resultado, o chefe da Seção de Operações distribui aos responsáveis os Formulários SCI 204 com as designações táticas específicas.

■ Execução do plano e avaliação do progresso

A avaliação deve ser um processo contínuo que oriente o ajuste das operações em andamento e apoie a confecção dos planos futuros. O *Staff* de Comando e os chefes do *Staff* Geral devem ser incentivados a ir a campo para verificar de que maneira o que foi planejado está sendo colocado em prática.

8.1.10 Considerações finais sobre Sistema de Comando de Incidentes

O SCI pode ser uma ferramenta muito importante e útil ao gestor do desastre, desde que colocada em prática. Para isso, o gestor deve ter um bom conhecimento do sistema e querer implementá-lo no momento do desastre, pois, de início, pode parecer complexo, mas, com o devido estudo, a ferramenta começa a ficar cada vez mais clara e de mais fácil aplicação no caso concreto.

Como já dito, esta obra não visa esgotar o assunto, apenas proporcionar uma boa noção do que é o SCI, demonstrando muitos de seus aspectos. Ainda que não tenhamos aprofundado o tema, o gestor que aplicar os princípios básicos do SCI em um desastre, por exemplo, conseguirá organizar a resposta de maneira mais adequada. Quanto mais conceitos do SCI forem sendo aplicados, melhor será a organização e o controle do gestor do desastre.

8.2 Sistema de Coordenação Multiagências

Durante o gerenciamento do desastre, em virtude de falta de recursos necessários à resposta ou diante da premência de decisões organizacionais internas de níveis superiores daqueles órgãos e entidades que integram o Comando do Incidente, pode não ser possível responder adequadamente a todas as demandas que o desastre exige, não sendo tais recursos e decisões alcançáveis pelas autoridades que compõem o Comando Unificado. Assim, é necessário que autoridades de posições funcionais superiores em suas organizações o façam. Diante desse quadro, é preciso haver um grupo organizado dessas autoridades superiores e que recebe a denominação de *Coordenação Multiagências* (MAC).

O Sistema de Coordenação Multiagências é composto por um grupo MAC, formado por autoridades de níveis funcionais elevados dos órgãos e das entidades afetas ao desastre. Essas autoridades devem ter poder de mando em seus órgãos e em suas entidades de origem, de maneira que possam autorizar o uso de recursos das organizações que representam. A MAC não deve ter qualquer participação ou envolvimento direto no incidente e, para prevenir eventual envolvimento, sugere-se que esteja posicionada em local distante dos cenários do desastre e até do Posto de Comando.

O número de integrantes da MAC, assim como suas competências, varia de acordo com o tipo do desastre, a quantidade e as características dos danos e dos prejuízos, a complexidade do incidente e outras necessidades e fatores identificados. Uma MAC pode ser organizada em qualquer esfera da gestão de desastres, tanto federal quanto estadual ou municipal, dependendo da abrangência territorial do desastre. É desejável que haja alguma organização de apoio à MAC, com pessoal e materiais que supram as necessidades próprias de logística e de documentação.

A MAC deve apresentar uma comunicação constante com o Posto de Comando, repassando as necessidades que o SCI não está conseguindo suprir – sejam organizacionais, sejam de recursos. Para tanto, a MAC deve ser abastecida com informações públicas, de inteligência e relacionadas às decisões do SCI, a fim de identificar as oportunidades de providenciar o necessário suporte, como a disponibilização de recursos críticos e de difícil mobilização.

Síntese

O gerenciamento de desastres é uma tarefa difícil de ser realizada em razão do caos geralmente instalado e da falta de conhecimento e experiência do gestor designado para essas situações, principalmente na esfera municipal. Para apoiar esse trabalho, existe uma ferramenta muito utilizada no Brasil, principalmente pelos Corpos de Bombeiros Militares: o Sistema de Comando de Incidentes (SCI), que teve origem na década de 1970 nos Estados Unidos.

O SCI tem uma série de princípios basilares que norteiam todas as ações e a estruturação da gestão de incidentes, composta por funções bem definidas e instalações que facilitam a administração do desastre. Apresenta uma sistemática predefinida de planejamento, que traz como resultado a maneira mais adequada de execução das ações operacionais e de designação de recursos, sendo tudo isso registrado em formulários específicos.

Caso o incidente requeira intervenções de recursos extraordinários ou de decisões que estejam fora da competência dos integrantes do Comando Unificado, configura-se a necessidade de implementação de uma estrutura de Coordenação Multiagências de apoio ao SCI.

Para saber mais

Para conhecer mais detalhes a respeito do desdobramento da estrutura do SCI e das atribuições das funções, acesse o *Manual de Sistema de Comando de Incidentes (SCI)* do Corpo de Bombeiros Militar do Distrito Federal, disponível no endereço eletrônico indicado a seguir.

DISTRITO FEDERAL. Corpo de Bombeiros Militar. **Manual de Sistema de Comando de Incidentes (SCI)**. Brasília: CBMDF, 2011. Disponível em: <http://bibliotecamilitar.com.br/wp-content/uploads/2016/02/manualsci_livrov6.pdf>. Acesso em: 12 jun. 2018.

Questões para revisão

1) Liste os nove princípios fundamentais do SCI.
2) Quais são os significados de Comando Único e de Comando Unificado?

3) A estrutura macro do Sistema de Comando de Incidentes é composta por:
   a. Comando Único, Comando Unificado e Comandante do Incidente.
   b. Comando do Incidente, chefes de seções e líderes de unidades.
   c. Comando do Incidente, *Staff* de Comando e *Staff* Geral.
   d. Comando Unificado, Comando do Incidente e *Staff* de Comando.

4) A Área de Espera é o local:
   a. para onde devem se dirigir todos os recursos operacionais que se integrarem ao Sistema de Comando de Incidentes, com vistas à recepção e ao cadastramento.
   b. onde são realizados os preparativos para atendimento das situações operacionais do desastre.
   c. para onde as vítimas são encaminhadas enquanto aguardam destinação aos hospitais de referência.
   d. onde o pessoal já designado da Seção de Operações aguarda pelas ordens do Comandante do Incidente.

5) Na estrutura do Sistema de Comando de Incidentes, o Coordenador Municipal de Proteção e Defesa Civil deve atuar na função de:
   a. chefe da Seção de Operações.
   b. chefe da Seção de Planejamento.
   c. líder da Unidade de Recursos.
   d. oficial de informações públicas.
   e. Comandante do Incidente.

Questões para reflexão

1) Os modelos de gerenciamento do SCI e do Sistema de Coordenação Multiagências caracterizam um engessamento da possibilidade de flexibilização que o Coordenador Municipal de Proteção e Defesa Civil teria para administrar o desastre?

2) Em sua avaliação, o SCI e a MAC têm potencial para ajudar na resolução dos desastres?

A proteção e defesa civil no Brasil ainda é um grande desafio a ser desenvolvido. Os gestores dos sistemas de proteção e defesa civil e os estudiosos da academia vêm exercendo seus papéis, procurando utilizar os conhecimentos mutuamente, da teoria e da prática, com o objetivo de buscar soluções principalmente para as questões relacionadas ao gerenciamento de riscos. O Sistema Nacional de Proteção e Defesa Civil (Sinpdec) dota conceitos e procedimentos necessários à realização do trabalho de redução dos desastres e, para que esse sistema funcione adequadamente, todos os integrantes – seja na esfera federal, seja na estadual ou na municipal – devem conhecer os conceitos e os procedimentos envolvidos.

A proteção das populações contra os desastres ainda está longe do ideal, mas o trabalho vem sendo realizado e pouco a pouco as evoluções acontecem, infelizmente não na velocidade que deveriam, mas felizmente ocorrem. O que percebemos no Brasil é uma sensibilização momentânea todas as vezes que um grande desastre ocorre, quando há liberação de recursos destinados às ações de proteção e defesa civil, principalmente voltados à resposta. Nos meses que sucedem os

para concluir...

desastres, a sensibilização vai sendo ferozmente arrefecida pela ação do tempo sobre nossa já curta memória e logo chega o período de normalidade, quando os investimentos em ações de proteção à população contra os desastres deveriam acontecer, mas são dissipados até que outra tragédia ocorra. E, mais uma vez, a sensibilização toma conta do país e novos investimentos são realizados, entretanto, apenas para responder novamente a um desastre.

O foco deve ser alterado. A resposta aos desastres é importante; contudo, no período de normalidade, as ações de proteção e defesa civil ligadas à prevenção, à mitigação e à preparação necessitam de recursos.

Esperamos que esta obra auxilie na compreensão do universo da proteção e defesa civil e desperte a atenção para o tema, sensibilizando as pessoas que querem e podem fazer a diferença.

lista de siglas

ACV – Área de Concentração de Vítimas
APA – Área de preservação ambiental
APP – Área de preservação permanente
Avadan – Formulário de avaliação de danos
Cepdec – Coordenadoria Estadual de Proteção e Defesa Civil
Cenad – Centro Nacional de Gerenciamento de Riscos e Desastres
Cepdec/PR – Coordenadoria Estadual de Proteção e Defesa Civil do Paraná
Ceped/PR – Centro Universitário de Estudos e Pesquisas sobre Desastres do Estado do Paraná
CI – Comandante do Incidente
Cobrade – Classificação e Codificação Brasileira de Desastres
Codar – Codificação Brasileira de Desastres, Ameaças e Riscos
Compdec – Coordenadoria Municipal de Proteção e Defesa Civil
CPDC – Cartão de Pagamento de Defesa Civil
Cred – Centro para Pesquisa sobre Epidemiologia de Desastres
CSL – Chefe da Seção de Logística
CSO – Chefe da Seção de Operações

CSP – Chefe da Seção de Planejamento
DAG – Departamento de Articulação e Gestão
ECP – Estado de calamidade pública
Eird – Estratégia Internacional para Redução de Desastres
EM-DAT – Banco de Dados Internacional de Desastres
ESP – Especialistas
FGTS – Fundo de Garantia do Tempo de Serviço
Fide – Formulário de informações do desastre
H1 – Heliponto 1
IN – Instrução Normativa
ITR – Imposto Territorial Rural
LCOM – Líder da Unidade de Comunicação
LDOC – Líder da Unidade de Documentação
LOA – Lei Orçamentária Anual
LREC – Líder da Unidade de Recursos
LSIT – Líder da Unidade de Situação
MACS – Multiagency Coordination System (Sistema de Coordenação Multiagências)
OFSEG – Oficial de Segurança
OMS – Organização Mundial da Saúde
ONU – Organização das Nações Unidas
PAI – Plano de ação do incidente
PC – Posto de Comando
PDR – Plano Detalhado de Resposta
PNPDEC – Política Nacional de Proteção e Defesa Civil
PT – Plano de Trabalho
S2ID – Sistema Integrado de Informações sobre Desastres
SCI – Sistema de Comando de Incidentes
SCO – Sistema de Comando em Operações
SE – Situação de emergência
Sedec – Secretaria Nacional de Proteção e Defesa Civil

Sicoe – Sistema de Comando e Operações em Emergências
Sinpdec – Sistema Nacional de Proteção e defesa Civil
SISDC – Sistema Informatizado de Defesa Civil
ZPH – Zona de pouso de helicópteros

AMARAL, R. do; GUTJAHR, M. R. **Desastres naturais**. 2. ed. São Paulo: IG; SMA, 2011. (Série Cadernos de Educação Ambiental, 8). Disponível em: <http://arquivos.ambiente.sp.gov.br/publicacoes/201 6/12/8-DesastresNaturais.pdf>. Acesso em: 11 jun. 2018.

BRASIL. Constituição (1891). **Diário Oficial [da] República dos Estados Unidos do Brasil**, Rio de Janeiro, 24 fev. 1891. Disponível em: <http://www.planalto.gov.br/ccivil_03/constituicao/constituicao91.htm>. Acesso em: 4 jun. 2018.

BRASIL. Constituição (1934). **Diário Oficial [da] República dos Estados Unidos do Brasil**, Rio de Janeiro, 16 jul. 1934. Disponível em: <http://www.planalto.gov.br/ccivil_03/constituicao/constituicao34.htm>. Acesso em: 4 jun. 2018.

BRASIL. Constituição (1937). **Diário Oficial [da] República dos Estados Unidos do Brasil**, Rio de Janeiro, 10 nov. 1937. Disponível em: <http://www.planalto.gov.br/ccivil_03/constituicao/constituicao37.htm>. Acesso em: 4 jun. 2018.

BRASIL. Constituição (1946). **Diário Oficial [da] República dos Estados Unidos do Brasil**, Rio de Janeiro, 18 set. 1946. Disponível em: <http://www.planalto.gov.br/ccivil_03/constituicao/constituicao46.htm>. Acesso em: 4 jun. 2018.

BRASIL. Constituição (1967). **Diário Oficial da União**, Brasília, 24 jan. 1967. Disponível em: <http://www.planalto.gov.br/ccivil_03/constituicao/constituicao67.htm>. Acesso em: 4 jun. 2018.

BRASIL. Constituição (1988). **Diário Oficial da União**, Brasília, 5 out. 1988. Disponível em: <http://www.planalto.gov.br/ccivil_03/constituicao/constituicaocompilado.htm>. Acesso em: 9 jun. 2018.

BRASIL. Decreto n. 3.048, de 6 de maio de 1999. **Diário Oficial da União**, Poder Executivo, Brasília, DF, 7 maio 1999. Disponível em: <http://www.planalto.gov.br/ccivil_03/decreto/d3048.htm>. Acesso em: 4 jun. 2018.

_____. Decreto n. 5.113, de 22 de junho de 2004. **Diário Oficial da União**, Poder Executivo, Brasília, DF, 23 jun. 2004a. Disponível em: <http://www.planalto.gov.br/ccivil_03/_ato2004-2006/2004/decreto/d5113.htm>. Acesso em: 4 jun. 2018.

_____. Decreto n. 6.307, de 14 de dezembro de 2007. **Diário Oficial da União**, Poder Executivo, Brasília, DF, 17 dez. 2007. Disponível em: <http://www.planalto.gov.br/ccivil_03/_ato2007-2010/2007/decreto/D6307.htm>. Acesso em: 4 jun. 2018.

_____. Decreto n. 7.257, de 4 de agosto de 2010. **Diário Oficial da União**, Poder Executivo, Brasília, DF, 5 ago. 2010a. Disponível em: <http://www.planalto.gov.br/ccivil_03/_ato2007-2010/2010/Decreto/D7257.htm>. Acesso em: 4 jun. 2018.

_____. Decreto n. 84.685, de 6 de maio de 1980. **Diário Oficial da União**, Poder Executivo, Brasília, DF, 7 maio 1980. Disponível em: <http://www.planalto.gov.br/ccivil_03/decreto/1980-1989/d84685.htm>. Acesso em: 4 jun. 2018.

_____. Decreto-Lei n. 3.365, de 21 de junho de 1941. **Diário Oficial da União**, Poder Executivo, Rio de Janeiro, 18 jul. 1941. Disponível em: <http://www.planalto.gov.br/ccivil_03/decreto-lei/Del3365.htm>. Acesso em: 4 jun. 2018.

_____. Decreto-Lei n. 4.098, de 13 de maio de 1942. **Coleção das Leis do Brasil**, Poder Executivo, Rio de Janeiro, 31 dez. 1942a. Disponível em: <http://www.planalto.gov.br/ccivil_03/decreto-lei/1937-1946/Del4098.htm>. Acesso em: 4 jun. 2018.

_____. Decreto-Lei n. 4.624, de 26 de agosto de 1942. **Diário Oficial da União**, Poder Executivo, Rio de Janeiro, 28 ago. 1942b. Disponível em: <http://www2.camara.leg.br/legin/fed/declei/1940-1949/decreto-lei-4624-26-agosto-1942-414498-publicacaooriginal-1-pe.html>. Acesso em: 4 jun. 2018.

BRASIL. Decreto-Lei n. 5.861, de 30 de setembro de 1943. **Diário Oficial da União**, Poder Executivo, Rio de Janeiro, 2 out. 1943. Disponível em: <http://www2.camara.leg.br/legin/fed/declei/1940-1949/decreto-lei-5861-30-setembro-1943-416012-publicacaooriginal-1-pe.html>. Acesso em: 4 jun. 2018.

_____. Lei n. 8.036, de 11 de maio de 1990. **Diário Oficial da União**, Poder Legislativo, Brasília, DF, 14 maio 1990. Disponível em: <http://www.planalto.gov.br/ccivil_03/leis/L8036consol.htm>. Acesso em: 9 jun. 2018.

_____. Lei n. 8.666, de 21 de junho de 1993. **Diário Oficial da União**, Poder Legislativo, Brasília, DF, 22 jun. 1993a. Disponível em: <http://www.planalto.gov.br/ccivil_03/leis/L8666cons.htm>. Acesso em: 8 jun. 2018.

_____. Lei n. 8.742, de 7 de dezembro de 1993. **Diário Oficial da União**, Poder Legislativo, Brasília, 8 dez. 1993b. Disponível em: <http://www.planalto.gov.br/ccivil_03/leis/l8742.htm>. Acesso em: 9 jun. 2018.

_____. Lei n. 8.745, de 9 de dezembro de 1993. **Diário Oficial da União**, Poder Legislativo, Brasília, 10 dez. 1993c. Disponível em: <http://www.planalto.gov.br/ccivil_03/leis/L8745cons.htm>. Acesso em: 15 jan. 2018.

_____. Lei n. 10.878, de 8 de junho de 2004. **Diário Oficial da União**, Poder Legislativo, Brasília, DF, 9 jun. 2004b. Disponível em: <http://www.planalto.gov.br/ccivil_03/_ato2004-2006/2004/lei/l10.878.htm>. Acesso em: 26 jun. 2018.

_____. Lei n. 12.340, de 1º de dezembro de 2010. **Diário Oficial da União**, Poder Legislativo, Brasília, DF, 2 dez. 2010b. Disponível em: <http://www.planalto.gov.br/ccivil_03/_ato2007-2010/2010/lei/l12340.htm>. Acesso em: 5 jun. 2018.

_____. Lei n. 12.608, de 10 de abril de 2012. **Diário Oficial da União**, Poder Legislativo, Brasília, DF, 11 abr. 2012a. Disponível em: <http://www.planalto.gov.br/ccivil_03/_Ato2011-2014/2012/Lei/L12608.htm>. Acesso em: 5 jun. 2018.

_____. Lei Complementar n. 101, de 4 de maio de 2000. **Diário Oficial da União**, Poder Legislativo, Brasília, DF, 5 maio 2000. Disponível em: <https://www.planalto.gov.br/ccivil_03/leis/lcp/lcp101.htm>. Acesso em: 4 jun. 2018.

BRASIL. Ministério da Integração Nacional. **Ações de recuperação**. 25 maio 2016a. Disponível em: <http://www.mi.gov.br/acoes-de-recuperacao>. Acesso em: 9 jun. 2018.

_____. Ministério da Integração Nacional. **Ações de resposta**. 25 maio 2016b. Disponível em: <http://www.mi.gov.br/web/guest/acoes-de-resposta>. Acesso em: 9 jun. 2018.

_____. Instrução Normativa n. 1, de 24 de agosto 2012. **Diário Oficial da União**, Brasília, DF, 30 ago. 2012b. Disponível em: <http://bibspi.planejamento.gov.br/bitstream/handle/iditem/208/Instru%C3%A7%C3%A3o%20Normativa%20n1%2c%20de%2024%20agosto%20de%202012.pdf?sequence=1>. Acesso em: 9 jun. 2018.

_____. Instrução Normativa n. 2, de 20 de dezembro de 2016. **Diário Oficial da União**, Brasília, DF, 22 dez. 2016c. Disponível em: <http://www.integracao.gov.br/documents/3958478/0/Instru%C3%A7%C3%A3o+Normativa+N+02+-+VERSAO+PARA+PUBLICA%C3%87%C3%83O-21.12.16.pdf/dfee339a-4aa9-4d39-8220-a9a9c3434779>. Acesso em: 9 jun. 2018.

_____. Portaria n. 384, de 23 de outubro de 2014. **Diário Oficial da União**, Brasília, DF, 27 de outubro de 2014. Disponível em: <http://www.mi.gov.br/c/document_library/get_file?uuid=d4e0a313-96e4-4ab9-896e-33766d1361ca&groupId=10157>. Acesso em: 8 jun. 2018.

_____. Portaria n. 280, de 6 de junho de 2017. **Diário Oficial da União**, Brasília, DF, 8 jun. 2017a. Disponível em: <http://www.integracao.gov.br/documents/10157/3532491/RI+MI+-+Portaria+MI+n%C2%BA+280%2C+de+6jun2017.pdf/cadca271-4400-4817-a36d-b0d71c62083b>. Acesso em: 9 jun. 2018.

_____. **Solicitação de recursos**. 21 set. 2012c. Disponível em: <http://www.mi.gov.br/defesa-civil/solicitacao-de-recursos>. Acesso em: 15 jan. 2018.

BRASIL. Ministério da Integração Nacional. Secretaria Nacional de Defesa Civil. **Transferência obrigatória**: caderno de orientações – da solicitação de recursos à prestação de contas. Brasília, 2011. Disponível em: <http://www.mi.gov.br/c/document_library/get_file?uuid=0e0e1d12-0819-4b3a-938c-f2472177d366&groupId=185960>. Acesso em: 8 jun. 2018.

BRASIL. Ministério da Integração Nacional. Secretaria Nacional de Proteção e Defesa Civil. Departamento de Prevenção e Preparação. **Noções básicas em proteção e defesa civil e em gestão de riscos**: livro base. Brasília: Ministério da Integração Nacional, 2017b. Disponível em: <http://www.br.undp.org/content/dam/brazil/docs/publicacoes/paz/gestao-risco-livro-base.pdf>. Acesso em: 4 jun. 2018.

BRASIL. Ministério da Integração Nacional. Ministério das Cidades. Portaria Interministerial n. 1, de 24 de julho de 2013. **Diário Oficial da União**, Brasília, DF, 25 jul. 2013. Disponível em: <https://www.cidades.gov.br/images/stories/ArquivosSNH/ArquivosPDF/Portarias/PORTARIA_INTERMINISTERIAL_N_1_24.07.2013_MCIDADES_E_MI_PMCMV_CALAMIDADE.pdf>. Acesso em: 8 jun. 2018.

BRASIL. Ministério da Justiça. Secretaria Nacional de Segurança Pública. **Manual do Curso Sistema de Comando de Incidentes**: Módulo I. Brasília, 2008.

BRASIL. Ministério do Planejamento, Desenvolvimento e Gestão. Portal de Convênios. Portaria Interministerial n. 424, de 30 de dezembro de 2016. **Diário Oficial da União**, Poder Legislativo, Brasília, DF, 2 jan. 2017c. Disponível em: <http://portal.convenios.gov.br/legislacao/portarias/portaria-interministerial-n-424-de-30-de-dezembro-de-2016>. Acesso em: 9 jan. 2018.

CALHEIROS, L. B.; CASTRO, A. L. C. de; DANTAS, M. C. **Apostila sobre implantação e operacionalização de COMDEC**. 4. ed. Brasília: Ministério da Integração Nacional/Secretaria Nacional de Defesa Civil, 2009. Disponível em: <http://www.defesacivil.pr.gov.br/arquivos/File/ManualCOMDEC2009.pdf>. Acesso em: 6 jun. 2018.

CASTRO, A. L. C. de. **Glossário de defesa civil**: estudos de riscos e medicina de desastres. 5. ed. Brasília: Ministério da Integração Nacional/Secretaria Nacional de Defesa Civil, 2007.

_____. **Manual de planejamento em defesa civil**. Brasília: Ministério da Integração Nacional/Secretaria Nacional de Defesa Civil, 1999. v. 1.

DISTRITO FEDERAL. Corpo de Bombeiros Militar. **Manual de Sistema de Comando de Incidentes (SCI)**. Brasília: CBMDF, 2011. Disponível em: <http://bibliotecamilitar.com.br/wp-content/uploads/2016/02/manualsci_livrov6.pdf>. Acesso em: 12 jun. 2018.

INFRAESTRUTURA. In: HOUAISS, A.; VILLAR, M. de S. **Dicionário eletrônico Houaiss da língua portuguesa.** versão 3.0. Rio de Janeiro: Instituto Antônio Houaiss; Objetiva, 2009. 1 CD-ROM.

KUHNEN, A. Meio ambiente e vulnerabilidade: a percepção ambiental de risco e o comportamento humano. **Revista Geografia**, Londrina, v. 18, n. 2, p. 37-52, 2009. Disponível em: <http://www.uel.br/revistas/uel/index.php/geografia/article/view/3287/3233>. Acesso em: 9 jun. 2018.

OLIVEIRA, L. M. de. **Acidentes geológicos urbanos.** Curitiba: Mineropar, 2010.

OLIVEIRA, M. de. **Livro Texto do Projeto Gerenciamento de Desastres**: Sistema de Comando em Operações. Florianópolis: Ministério da Integração Nacional; Secretaria Nacional de Defesa Civil; Universidade Federal de Santa Catarina; Centro Universitário de Estudos e Pesquisas sobre Desastres, 2009. Disponível em: <http://www.ceped.ufsc.br/wp-content/uploads/2014/09/Manual-de-Gerenciamento-de-Desastres.pdf>. Acesso em: 12 jun. 2018.

PARANÁ. Casa Militar. Coordenadoria Estadual de Proteção e Defesa Civil. **Bombeiro comunitário**: programa. Disponível em: <http://www.defesacivil.pr.gov.br/modules/conteudo/conteudo.php?conteudo=81>. Acesso em: 15 jun. 2018a.

PARANÁ. Casa Militar. **Guia de conhecimentos fundamentais para gestores municipais de proteção e defesa civil.** Curitiba: Ceped, 2017. Disponível em: <http://www.ceped.pr.gov.br/arquivos/File/guia.pdf>. Acesso em: 24 jun. 2018b.

PARANÁ. Ministério Público. **Criança e adolescente**: aluguel social. Disponível em: <http://www.crianca.mppr.mp.br/modules/conteudo/conteudo.php?conteudo=1551>. Acesso em: 9 jun. 2018b.

PINHEIRO, E. G. et al. **Defesa civil**: brigada escolar – defesa civil na escola. Curitiba: Escola de Defesa Civil do Paraná, 2013. Disponível em: <http://www.defesacivil.pr.gov.br/arquivos/File/Brigada_Escolar/Apostila_Defesa_Civil_pdf.pdf>. Acesso em: 4 jun. 2018.

RISCO. In: HOUAISS, A.; VILLAR, M. de S. **Dicionário eletrônico Houaiss da língua portuguesa.** versão 3.0. Rio de Janeiro: Instituto Antônio Houaiss; Objetiva, 2009. 1 CD-ROM.

S2ID – Sistema Integrado sobre Informações sobre Desastres. **Página inicial**. Disponível em: <https://s2id.mi.gov.br/>. Acesso em: 15 jun. 2018a.

_____. **Novo cadastro**. Disponível em: <https://s2id.mi.gov.br/paginas/login/novo_cadastro.xhtml>. Acesso em: 15 jun. 2018b.

SÃO PAULO (Estado). **Redução de risco de desastres**: uma construção de resiliência local. São Paulo: Coordenadoria Estadual de Proteção e Defesa Civil, 2016. Disponível em: <http://www.sidec.sp.gov.br/defesacivil/media/OSDownloads/1490215312_Livro.pdf>. Acesso em: 24 jun. 2018.

SOUZA, P. H. de. **Sistema de comando de incidentes**: nível operações. Curitiba: Corpo de Bombeiros do Paraná, 2009.

TOMINAGA, L. K.; SANTORO, J.; AMARAL, R. (Orgs.). **Desastres naturais**: conhecer para prevenir. 3. ed. São Paulo: Instituto Geológico de São Paulo, 2009. Disponível em: <http://www.igeologico.sp.gov.br/downloads/livros/DesastresNaturais.pdf>. Acesso em: 11 jun. 2018.

UFSC – Universidade Federal de Santa Catarina. Centro Universitário de Estudos e Pesquisas sobre Desastres. **Capacitação básica em proteção e defesa civil**. 5. ed. Florianópolis: Ceped/UFSC, 2014. Disponível em: <http://www.ceped.ufsc.br/wp-content/uploads/2013/01/Livro_DefesaCivil_5ed-Diagramado-Completo-online.pdf>. Acesso em: 7 jun. 2018.

_____. **Curso de capacitacção para usuários do Sistema Integrado de Informações sobre Desastres (S2ID)**: módulos de registro e de reconhecimento. 3. ed. Florianópolis: Ceped/UFSC, 2015. Disponível em: <http://www.ceped.ufsc.br/wp-content/uploads/2014/01/S2ID-Curso-de-Capacitacao-para-Usu%C3%A1rios-do-S2ID-modulos-de-Registro-e-de-Reconhecimento-Final.pdf>. Acesso em: 15 jun. 2018.

_____. **Gestão de riscos de desastres**. Florianópolis: Ceped/UFSC, 2012. Disponível em: <http://www.ceped.ufsc.br/wp-content/uploads/2014/10/gestao_de_riscos_de_desastres_0.pdf>. Acesso em: 7 jun. 2018.

UNISDR – Nações Unidas para a Redução de Riscos de Desastres. **Terminologia sobre redução de risco de desastres**. Genebra, 2009.

Capítulo 1

1. Trata-se de um sistema. A expressão *proteção e defesa civil* se refere a um conjunto de órgãos e entidades governamentais e não governamentais, além da sociedade civil organizada e dos voluntários, que, articulados, formam um sistema que pode ser municipal, estadual ou federal e deve ser coordenado por um órgão gestor de proteção e defesa civil.

2. O ideal é que a Compdec seja composta por um coordenador ou secretário executivo e, minimamente, por uma estrutura subordinada a esse coordenador, composta pelas seguintes áreas e setores: Área Administrativa; Área de Minimização de Desastres, composta por Setor de Prevenção e Mitigação de Desastres e Setor de Preparação para Emergências e Desastres; Área Operacional, composta por Setor de Resposta aos Desastres e Setor de Reconstrução ou Recuperação.

3. b
4. c
5. a

Capítulo 2

1. Resultado de eventos adversos, naturais, tecnológicos ou de origem antrópica sobre um cenário vulnerável exposto à ameaça, causando danos

humanos, materiais ou ambientais e consequentes prejuízos econômicos e sociais.

2.

1. Ocupações já existentes em áreas inseguras: caso em que é possível optar por relocação das populações para áreas seguras ou por criar condições, se viáveis, de convivência com o risco.

2. Potencial ocupação de áreas inseguras ainda não ocupadas: impedimento de ocupação por meio da adoção de medidas legais cabíveis e fiscalização constante. Uma medida bastante eficaz nas áreas inseguras à ocupação quanto a desastres ainda não ocupadas ou que tenham sido desocupadas, buscando desestimular sua ocupação, é a criação de obras públicas, como parques. Contudo, a fiscalização nessas áreas é fundamental para garantir que as ocupações ilegais não aconteçam.

3. d
4. b
5. d

Capítulo 3

1. O Fide deverá conter informações sobre a estimativa de danos humanos, materiais e ambientais, prejuízos econômicos e serviços essenciais afetados, visando à necessária caracterização do desastre.

2. Os danos e os prejuízos decorrentes do desastre devem ser enfrentados por meio de ações de resposta e recuperação, ou seja, são eles que determinam quais ações de enfrentamento devem ser desenvolvidas e em que medida devem ser operacionalizadas para que o desastre seja na menor medida possível deletério às famílias por ele atingidas. O levantamento dos danos e dos prejuízos indicará quais recursos e em que quantidade deverão ser empregados no desastre, com vistas a amenizar o sofrimento das famílias. Para tanto, o dimensionamento do desastre torna-se ponto-chave, o que é feito por intermédio da contabilização e da avaliação dos danos e dos prejuízos ocorridos.

3. a
4. c
5. PR, PR, PU, PR.

Capítulo 4

1. Os desastres de nível I ensejam a decretação de SE e há somente danos humanos consideráveis. Os desastres de nível II ensejam a decretação de SE, havendo a ocorrência de ao menos dois danos, sendo um deles obrigatoriamente danos humanos que importem prejuízo econômico público ou privado e que afetem a capacidade de o Poder Público local responder e gerenciar a crise instalada. Os desastres de nível III ensejam a decretação de ECP, em razão da concomitância da existência de óbitos, isolamento de população, interrupção de serviços essenciais, interdição ou destruição de unidades habitacionais, danificação ou destruição de instalações públicas prestadoras de serviços essenciais e obras de infraestrutura pública.

2. Há alguns danos decorrentes dos desastres que requerem ações mais imediatas, não havendo tempo hábil para a realização de um planejamento esmiuçado, tampouco tempo para que tramitem os processos licitatórios normais visando à aquisição de bens ou à contratação de serviços, como a aquisição de colchões e alimentos para abrigos públicos, para onde as famílias desabrigadas devem ser encaminhadas, o que demanda provisão imediata dessas e de outras demandas para garantir um mínimo de dignidade e condições de sobrevivência.

3. b
4. e
5. a

Capítulo 5

1. Prevenção: busca eliminar o risco de desastre. Mitigação: objetiva atenuar o risco de desastre. Preparação: busca desenvolver ações de preparação para a resposta e a recuperação dos desastres. Resposta: visa

desenvolver as ações de socorro e de assistência às populações atingidas pelo desastre e a reabilitação dos cenários afetados. Recuperação: pretende reconstruir e recuperar os cenários atingidos pelos desastres.

2. O plano de contingência contém as informações necessárias para orientar as ações de resposta a uma hipótese de desastre, como o planejamento prévio das ações que serão necessárias no momento do desastre, o cadastro de recursos, o cadastro de abrigos, de sistemas de monitoramento, de alerta e de alarme, a composição do gabinete gestor do desastre, entre outras. Tal planejamento é fundamental para, no momento da crise, o gestor do desastre ter um balizamento mínimo das ações que devem ser desenvolvidas e dos recursos potencialmente disponíveis.

3. b

4. c

5. a

Capítulo 6

1. Uso e ocupação do solo é tema importante para a questão do risco de desastres. Uma vez em locais suscetíveis à ocorrência de deslizamentos, enxurradas e inundações, afundamentos cársticos, entre outros eventos, ninguém deveria construir nada, pois estariam colocando em risco a vida e a incolumidade física, sem falar nos bens materiais. Os municípios devem controlar a utilização e a ocupação das áreas de sua circunscrição a fim de que áreas que apresentem riscos de desastres não sejam ocupadas.

2. Pode-se dizer que a percepção de risco não se trata de percepção psicofísica, mas de percepção social, já que se está tratando de juízos, atribuições, memória, emoção, motivação, categorização sobre o risco ou as distintas fontes de risco, sejam elas tecnológicas, sejam ambientais ou sociais.

3. d

4. b

5. c

Capítulo 7

1. Não. Nos desastres naturais, o evento adverso advém da natureza; portanto, alguma ação no sentido de diminuir a intensidade desse tipo de evento não seria possível – não há como diminuir a velocidade dos ventos de um vendaval ou a intensidade das chuvas.
2. O gestor municipal deverá procurar os profissionais especializados da área de geologia em virtude da complexidade técnica para a realização desse trabalho.
3. c
4. d
5. a

Capítulo 8

1. Terminologia comum, alcance de controle, organização modular, comunicações integradas, plano de ação no incidente (PAI), cadeia de comando, Comando Unificado, instalações padronizadas e manejo integral dos recursos.
2. No Comando Único, há apenas a figura do Comandante do Incidente. Já no Comando Unificado, há representantes de vários órgãos e entidades que compõem o Comando do Incidente e que decidem em conjunto as questões necessárias. Entretanto, mesmo no Comando Unificado há um único Comandante do Incidente (CI), o representante do órgão ou da entidade de maior pertinência ou competência legal sobre o tema do incidente.
3. c
4. a
5. e

Antonio Geraldo Hiller Lino é Oficial do Corpo de Bombeiros da Polícia Militar do Paraná. Ingressou nas fileiras da corporação no ano de 1992.

É formado em Direito, com especializações em Filosofia Jurídica, Gerenciamento Integrado da Segurança Pública com Complementação em Magistério Superior e Gestão de Emergências e Desastres. Atuou como instrutor da disciplina de Proteção e Defesa Civil da Academia Policial Militar do Guatupê nos cursos de Formação de Oficiais Bombeiros-Militares.

Ministrou palestras em diversos eventos, entre os quais se destacam as edições do Fórum Nacional de Proteção e Defesa Civil, e também na Academia Nacional de Proteção e Defesa Civil da Alemanha (AKNZ – Akademie für Krisenmanagement, Notfallplanung und Zivilschutz) por ocasião do IV Simpósio Internacional sobre Eventos de Massa.

Atua desde 2008 na Coordenadoria Estadual de Proteção e Defesa Civil do Paraná, desenvolvendo seu trabalho na gestão de desastres e no Sistema Estadual de Proteção e Defesa Civil do Paraná.

Os papéis utilizados neste livro, certificados por instituições ambientais competentes, são recicláveis, provenientes de fontes renováveis e, portanto, um meio sustentável e natural de informação e conhecimento.

MISTO
Papel produzido a partir de fontes responsáveis
FSC® C057341

Impressão: Log&Print Gráfica & Logística S.A.
Abril/2021